贵州财经大学"大数据科学"系列丛书出版基金资助
来源于2014年度贵州财经大学引进人才科研项目

中国东中西部城市扩展比较：
基于杭州、合肥和贵阳的遥感大数据

廖从健 ／ 著

科学出版社
北京

内容简介

本书在我国东、中、西部分别选取了最具代表性的省会城市——杭州市、合肥市和贵阳市作为目标城市，运用遥感与地理信息系统技术对其遥感大数据进行提取分析，并沿着城市扩展过程监测→扩展驱动力分析→扩展带来的影响这条逻辑主线，结合统计资料和我国国情，比较了研究区内城市建成区扩展的特征、扩展的驱动因素和扩展效应等。

本书可供土地资源、城市规划、城市管理和环境保护等专业师生参阅，也可为国家发展和改革委员会等政府部门提供参考。

图书在版编目（CIP）数据

中国东中西部城市扩展比较：基于杭州、合肥和贵阳的遥感大数据 / 廖从健著 . —北京：科学出版社，2017.4

ISBN 978-7-03-052291-7

Ⅰ. ①中⋯ Ⅱ. ①廖⋯ Ⅲ. ①遥感技术—应用—城市扩展—对比研究—中国 Ⅳ. ① F299.21

中国版本图书馆 CIP 数据核字（2016）第 141873 号

责任编辑：石 卉 乔艳茹 / 责任校对：杨 然
责任印制：张 伟 / 封面设计：有道文化
编辑部电话：010-64035853
E-mail: houjunlin@mail.sciencep.com

科 学 出 版 社 出版
北京东黄城根北街 16 号
邮政编码：100717
http://www.sciencep.com

北京凌奇印刷有限责任公司印刷
科学出版社发行 各地新华书店经销
*

2017 年 4 月第 一 版 开本：720×1000 1/16
2024 年 9 月第二次印刷 印张：11 1/4
字数：226 000

定价：65.00 元
（如有印装质量问题，我社负责调换）

前 言

当今世界，尤其是发展中国家，正在经历着一场前所未有的城市化过程。毫无疑问，城市的发展推动了物质文明和精神文明的进步，但是也使一些社会问题凸显，如消耗了部分优良耕地、环境污染、交通堵塞等。城市扩展是城市化空间上的表现形式，是城市发展和土地资源管理领域的重要研究对象，引起了国内外学者的广泛关注，成为研究热点。

我国自古以来就是一个幅员辽阔、地区差异很大的国家。进入21世纪以来，我国城市化迅速加快，迫切需要国家在宏观层面上对东中西部进行差别对待，以提供科学、有效的区域发展指导政策，避免政策的"一刀切"，促进东中西部的平衡发展，从而有效推进我国城市化的整体进程。

本书主要内容分为6章。第1章绪论，介绍了研究背景，研究区选取及概况，并对相关概念进行界定；第2章国内外研究现状，从城市扩展遥感监测、城市扩展驱动力和城市扩展效应三个方面介绍了国内外研究现状；第3章城市建成区扩展遥感监测，利用遥感影像比较了东中西部三个代表城市的扩展情况；第4章城市扩展驱动分析及灰色关联比较，比较了东中西部城市扩展的驱动因素；第5章研究区城市扩展效应，分析比较了东中西部城市扩展的社会经济以及生态环境效应；第6章根据研究结论，分析了东中西部三个典型城市的发展趋势，并提出了政策建议。

本书研究结果主要分为以下三个方面。第一，揭示了东中西部研究区城市建成区扩展的时空差异特点，即东部城市发展起步早、扩展快，中部城市次之，西部城市发展虽最晚，但后期呈扩展加速的趋势。第二，在城市扩展的三大驱动因素中，政策因素占据主导地位，政策的实施决定了我国社会、经济因素的变化。社会经济因素与建成区扩展的关联度以东部最高，中部次之，西部最小。其中，非农人口对建成区扩展的驱动力最大，固定资产投资总额最小，高校在校人数与建成区扩展关联度非常高，仅次于非农人口。第三，随着城市的扩展，建成区内绿化覆盖率和人均绿地面积均不断增高，城市热岛比例指数呈下降趋势，较强—极强的热岛区域（热场变异指数≥0.010）占建成区比例也在减小，反映了建成区内生态环境在向好的趋势发展。其中，东部的绿地增速最快，中部次之，西部最小。

本书的遥感影像来源于国际科学数据服务平台（http://datamirror.csdb.cn）和国家地球系统科学数据共享平台（http://www.geodata.cn）。人口、GDP和工业总产值等社会经济发展数据来源于《中国城市统计年鉴》。

本书虽进行了一些研究创新，取得了一定的成果，但城市扩展研究是个复杂的课题，许多重要的因素不容易量化，而且数据几乎总是不完全，加上作者受学术水平、时间等主观、客观条件的限制，考虑不是很全面，因此，还有许多工作需要进一步的完善和深入研究。虽然本书征引了很多学者的论著，既广且博，但是字里行间也体现了作者对中国城市发展的观察与体会，所以结论总是不可避免地受制于作者的观点，再加上编写仓促，缺点错误在所难免，敬请读者批评指正。

廖从健

2017年3月18日

目 录

前言

第1章 绪论 /1

  1.1 研究背景 /2

  1.2 研究区选取及概况 /6

    1.2.1 研究区选取 /6

    1.2.2 研究区概况 /9

  1.3 相关概念 /11

第2章 国内外研究现状 /17

  2.1 城市扩展遥感监测研究 /18

    2.1.1 城市扩展监测遥感大数据的来源 /18

    2.1.2 城市扩展遥感监测研究现状 /20

    2.1.3 城市扩展的测度方法指标 /25

  2.2 城市扩展驱动力研究 /28

    2.2.1 定性研究 /28

2.2.2 定量研究 /29

2.3 城市扩展效应研究 /32

第3章 城市建成区扩展遥感监测 /38

3.1 研究选用的遥感大数据 /39

3.2 遥感大数据的预处理 /42

3.3 城市建成区范围和地表覆盖遥感大数据的提取 /46

    3.3.1 城市建成区范围提取 /46

    3.3.2 城市建成区地表覆盖遥感大数据提取 /49

3.4 城市建成区监测结果与分析 /52

    3.4.1 杭州城市建成区扩展遥感监测 /52

    3.4.2 合肥城市建成区扩展遥感监测 /60

    3.4.3 贵阳城市建成区扩展遥感监测 /67

3.5 东中西部研究区城市建成区扩展比较 /74

    3.5.1 东中西部研究区城市建成区扩展速度差异比较 /74

    3.5.2 东中西部研究区城市建成区地表覆盖变化比较 /77

    3.5.3 研究区城市建成区扩展与城市人口增长协调性比较 /81

第4章 城市扩展驱动分析及灰色关联比较 /84

4.1 城市扩展驱动的政策因素分析 /86

    4.1.1 行政区划调整的驱动作用 /86

    4.1.2 土地利用政策调整的驱动作用 /87

    4.1.3 区域发展优惠政策的驱动作用 /88

    4.1.4 住房改革政策的驱动作用 /89

    4.1.5 城市发展规划政策的驱动作用 /89

4.2 城市扩展驱动的社会经济因素分析 /90

4.3 研究区城市扩展社会经济驱动因素灰色关联分析 /91

4.3.1　城市建成区扩展驱动因素指标选取　/92
　　4.3.2　建立灰色关联分析模型　/92
　　4.3.3　城市建成区扩展驱动因素灰色关联测度　/93
　　4.3.4　驱动因素灰色关联测度结论　/102

第5章　研究区城市扩展效应　/103

　5.1　城市扩展的辩证思考　/104

　5.2　研究区城市扩展效应　/108
　　5.2.1　城市扩展的社会经济效应　/108
　　5.2.2　城市扩展的生态环境效应　/130
　　5.2.3　城市扩展效应的东中西部比较　/147

第6章　东中西部三个典型城市的未来发展趋势及政策建议　/150

　6.1　东中西部三个典型城市的未来发展趋势　/151
　　6.1.1　城市建成区将不断扩大　/151
　　6.1.2　城市带、城市群（圈）和区域中心城市将成为城市发展的重要方向　/152
　　6.1.3　"城市病"将得到化解　/153
　　6.1.4　中西部城市发展加快，跨省人口流动减少　/153
　　6.1.5　城市间交通等基础设施投入将进一步加强　/154
　　6.1.6　城市第三产业比例进一步提高　/155

　6.2　政策建议　/155

参考文献　/160

第1章

绪 论

1.1 研 究 背 景

城市起源于人类分工和互助的需要，是社会分工发展到一定阶段的产物，是人类经济发展和社会文明进步的结晶，也是各种矛盾的汇集处。伴随着工业化浪潮，城市迅速扩大。毫无疑问，城市的发展推动了物质文明和精神文明的进步，但也使一些社会问题凸显出来，如消耗了部分优良耕地、环境污染、交通堵塞等。我国长期以来以农为主，不重视城市的发展，城市欠账太多。随着我国城市化快速地推进，城市建成区扩展速度显著加快，由于我们的城市管理水平没有跟上，一些社会问题突显出来。此外，我国幅员辽阔，由于政策、地理位置等原因，东中西部城市问题存在一些差异。

当今世界，尤其是发展中国家，正在经历着一场前所未有的城市化过程，据估计，到2025年，地球上80%的人口都将居住在城市（UNPF，1999）。城市化已经成为人类改造自然环境的主要活动方式之一（陈述彭，1999），城市扩展是城市化空间上的体现，因此城市扩展问题引起了国内外学者的广泛关注（Ottensmann，1977；Turner et al.，1994；谈明洪等，2004），成为国内外研究的热点，也是城市发展和土地资源管理领域的重要关注对象。

上海世界博览会将"城市,让生活更美好"定为主题,表达了人类对城市未来的共同追求。追本溯源,这种追求可以回溯到古希腊时代,亚里士多德(1996)曾经说:"人们为了安全,来到城市;为了美好的生活,聚居于城市。"19世纪美国著名的社会改革家西奥多·帕克(Theodore Parker)认为,"城市一直是人类文明的壁炉,在黑暗中散发出光和热"(阿瑟·奥利沙文,2003)。

城市从诞生以来,一直在缓慢地扩展,直到19世纪,科学技术取得了前所未有的巨大发展,人类在动力和机械上有了巨大的突破,爆发了工业革命,造就了现代工业和现代城市,带来了大量的城市人口,掀起了人类历史上规模空前的城市化浪潮,城市才得到爆炸式地迅猛扩展。正如美国城市理论家刘易斯·芒福德(2005)所说:"技术方面的这种爆炸性发展,也引发了城市本身发生极其类似的爆炸。"城市的迅速扩展,一方面,产生了繁荣的物质文明和精神文明,加快了社会整体的前进步伐;另一方面,也产生了一些负面效应。由于各国当前所处的城市化阶段不同,因此,发达国家关注的是城市经济的持续发展与城市环境治理,侧重于研究怎样克服城市扩展所带来的负面效应,而发展中国家不仅研究城市扩展所带来的正面效应,加快城市化进程,促进城市经济发展,还在吸取发达国家的教训,研究城市发展所遇到的问题。

中国是发展中国家,也是世界城市起源地之一。虽然我国城市有着几千年的发展历史,但在封建社会,绝大部分人还是生活在农村。即便新中国成立后,由于受传统思维的影响,在很长一段时间内,我国的城市发展也比较缓慢,甚至在"文化大革命"期间出现了"逆城市化"现象,而且学术界对城市发展的研究也较为薄弱和零散。其思想根源和历史原因在于:首先,新中国成立以来,长期将城市设施建设列为"非生产性建设",而在当时"先生产,后生活"的指导思想下,城市建设的项目就很难得到安排;其次,出于对当时国际战略形式的判断,为了"备战备荒",也限制城市发展;最后,计划经济时期"恐城症"一度是我国的通病,管理者总是担心城市扩大,他们担心城市人多了,要住房,要供应粮食,要就医,要增加城市交通的负担(严正等,2004)。改革开放后,随着生产力的解放,特别是在1992年邓小平南方谈话之后,土地有偿制度全面铺开,城市扩展非常迅速,直辖市、省会城市、特别行政区等大型和特大型城市的扩展尤为明显。

改革开放以来,关于中国城市扩展过快甚至威胁粮食安全的话题及"城市病"等问题一直为国内理论界与相关决策部门所关注和重视,国外学术成果也被大量引进。由于对国外所谓"大城市病"关注有加,国内一些学者热衷于翻译和介绍国外那些抨击大城市弊端的论著,过多地论述大城市的负面影响,为限制大城市扩展寻求理论依据,再加上新闻媒体的附和与渲染,夸大"城市病",甚至认为中国城市化的过程就是中华民族灭亡的过程(徐亮,2011)。因此,中国在一定时期内充满了"城市扩展过快"的论断,主张发展中小城市或城镇,限制大城市发展。这种认识也影响了我国政府,其在20世纪90年代后期对建设用地采取严厉的控制政策,严格限制各省份用地指标,城市用地规模从而成为各省份经济增长中的约束条件。所以,每年国土系统的"年会"——全国国土资源工作会议,都会成为地方政府诉苦缺地的大会(叶开,2011),甚至发展较慢的西部城市也出现了用地指标不足的情况(黄杰和赵锋,2011)。由于缺乏用地指标影响经济发展,各省份绞尽脑汁,各出奇招,一些省份出现了用地指标买卖的奇怪现象,如安徽省允许用地指标跨市买卖(黄玉浩等,2010)。从某种意义上说,是丰富的土地资源和劳动力资源保障了我国经济增长,为我国改革开放时期的经济社会发展做出了巨大贡献。虽然改革开放以来我国城市化进程明显加快,但由于新中国成立后前30年城市化速度缓慢,加上我国人口众多,尤其是农村人口占绝大多数,我国城市化水平不仅低于经济发达国家,而且低于多数发展中国家。20世纪80年代,国家提出农民离土不离乡,结果"村村点火,户户冒烟",认识上的局限制约了第三产业及城市化的发展。随着城市的开放,乡镇企业的劣势渐渐暴露出来。90年代至今,乡镇企业开始向开发区、工业区集中,鼓励人口流动,我国城市化开始进入一个快速发展时期。根据2011年4月公布的第六次人口普查数据,2010年中国居住在城镇的人口接近6.6亿人,城镇化率达到49.68%。根据美国地理学家诺瑟姆(Ray M. Northam)的研究,在城市化进程中,城市人口增长呈"S"形三阶段曲线运动:第一阶段为城市化初期,城市人口增长缓慢,城市人口比重不超过30%;第二阶段,城市化呈加快趋势,城市人口比重超过30%;第三阶段,城市化进程减缓,出现停滞或略有下降的趋势，城市人口比重超过70%（谢文蕙和邓卫，1996）。很显然，我国的城市化已经进入第二阶段，今后平均每年将有上千万农业人口转化为城镇人口。我国的高校扩招政策使大量农村青年得以进入高校学习，他们毕业之后，绝大部分将留在城市，这进一步加快了城市化进程。此外，每年车辆的增长和人们居住条件的改善等都需要通过不断增加城市土地来解决。所以，我国城市的加快扩展是必然的。诺贝尔经济学奖得主、美国经济学家斯蒂格利茨曾断言，21世纪对世界影响最大的两件事：一是美国高科技产业；二是中国的城市化。这说明中国城市化是区域经济增长的火车头，将给世界经济发展带来巨大影响，给投资者带来新机遇。

中国自古以来就是一个幅员辽阔、地区差异很大的国家。改革开放后，由于政策、地理位置等原因，东中西部城市化差异进一步扩大。经过改革开放30多年的发展，虽然我国东中西部的各类城市都有了一定的规模，多数城市的扩展都进入了高速增长期（特别是东部，由于率先享受国家的政策优惠及地理环境的优势，城市活力被充分释放出来，城市化水平得到极大程度的提高）。但是，与发达国家的同类城市相比，总体上仍然有不小的差距，这与中国的大国地位不相称。中部作为我国主要的粮食产区，承担着我国的主要粮食生产任务，农业人口较多，城市化进程不如东部。"十一五"规划中，国家从促进区域协调发展的战略层面强调促进中部地区崛起，政策机遇给中部城市扩展带来了发展空间。西部由于地形、地理位置和历史等原因，长期以来，是我国少数民族主要聚居区，文化教育、经济发展落后于全国其他地区，西部也是我国农牧业主产区，农业人口比重很大，城市化进程起点低。在"十五"计划中，国家将"西部大开发"上升为一项专门的战略任务。按照西部大开发的总体规划，2010~2030年是西部加速发展阶段，可见，西部城市现在进入了加速发展时期。中西部是我国劳动力丰富的地区，要充分发展城市，发展第二、第三产业，把农村过剩的劳动力充分利用起来，否则，一旦进入老龄化社会，这些人反而会给社会带来沉重的负担。

综上所述，我国城市化已进入全面迅速增长阶段，迫切需要国家在宏观层面上对东中西部进行区别对待，以更科学地提供有效的区域发展政策指导，避免政策的"一刀切",促进东中西部区域发展的平衡,从而有效推进我国城市化的整体进程。所以,监测我国的城市扩展,研究城市扩展的驱动因素,辩证分析城市扩展的效应,对控制和引导城市扩展具有现实的指导意义:一方面,可以避免土地资源的浪费,对促进城市土地集约利用具有重要的实际意义;另一方面,避免过度保护资源,错失发展良机,导致社会经济水平的落后,进而降低资源的利用效率,导致生产力的发展满足不了人民日益增长的物质文化需要,拉大与世界文明的差距。

1.2 研究区选取及概况

1.2.1 研究区选取

本书研究范围为中国东中西部区域。1986年,"七五"计划按地理位置及经济水平差异把全国划分为东中西部三大经济区域(图1.1)。依据1985年城市建成区统计面积数据相近的原则来选取代表城市作为研究区:一是考虑到1985年刚刚改革开放不久,国家重点是农村的改革,城市扩展不明显,城市建成区统计面积和遥感面积比较接近;二是考虑到人力、物力和时间等因素,只选取了这个时期城市建成区面积相近的三个具有代表性的省会城市杭州、合肥和贵阳作为东中西部研究区(表1.1)进行实证比较研究。具体研究范围为研究末期(2009年)的三个行政市辖区所辖行政界限(图1.2)。

表1.1 研究区1985年城市建成区统计面积

选取的城市	建成区面积/平方千米
杭州(东部)	61
合肥(中部)	60
贵阳(西部)	53

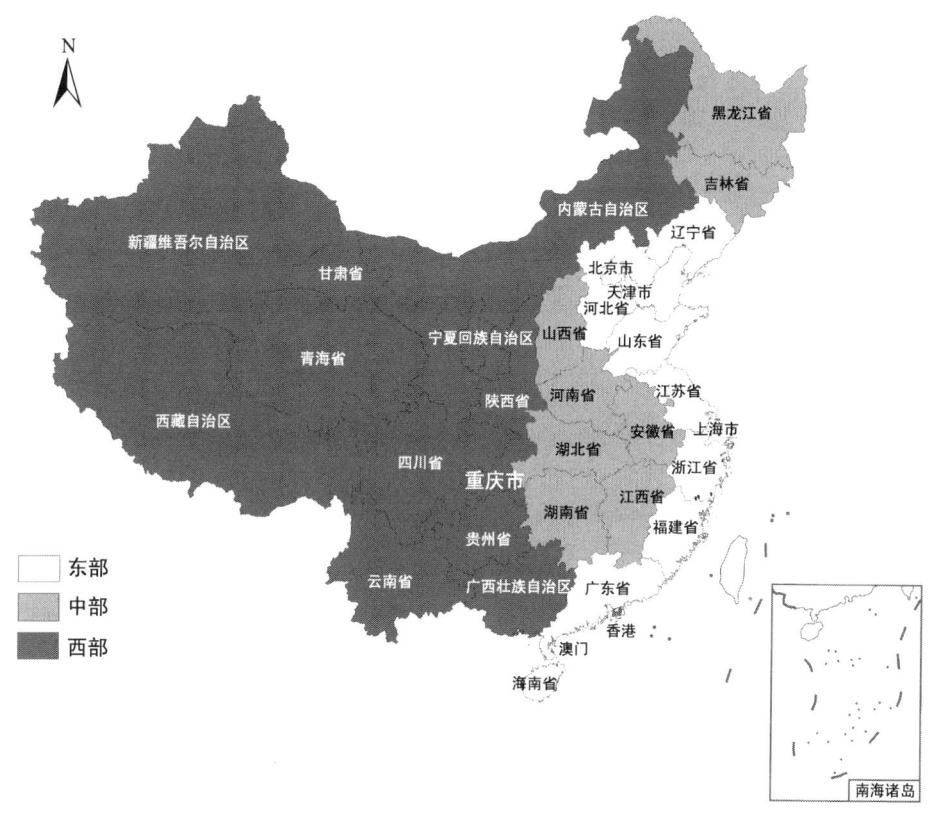

图 1.1　我国东中西部区划示意图

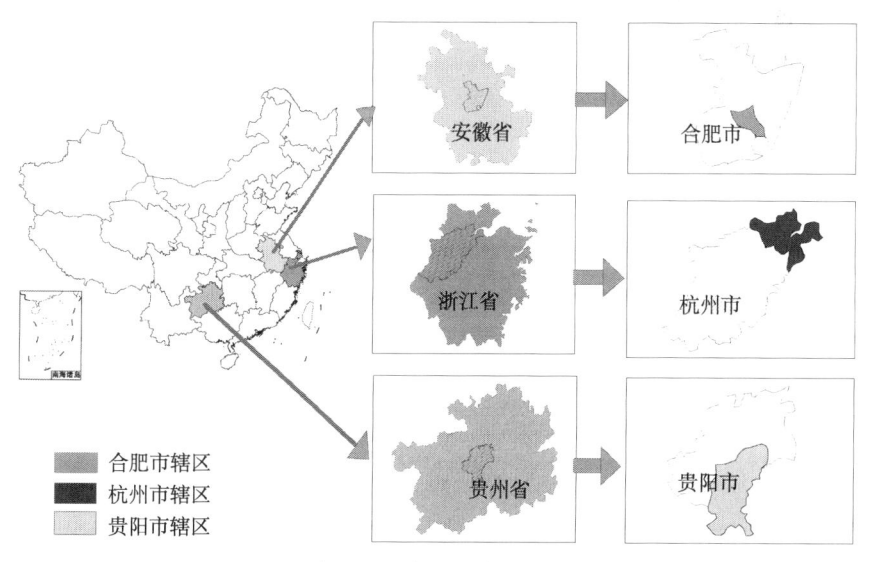

图 1.2　研究区区位示意图

杭州市地处东部，是浙江省省会。浙江省地处我国对外开放的前沿地带，属于东部沿海经济发达地区，人民思想意识较为先进。20 世纪 80 年代初期，当有的地方还在观望和等待的时候，浙江人已率先迈出了创业的第一步，不畏艰辛，走向全国各地艰苦营生，实现了创业资本的原始积累。20 世纪 80 年代后期至 90 年代中期，随着工业化和城市化的推进，浙江个体私营经济蓬勃发展，浙江产品走向全国。据国家统计局 2002 年对全国规模以上企业 532 种最终产品的调查，浙江有 56 种产品产量名列全国第一，42 种产品产量占全国总产量比重超过 30%。2004 年，浙江工业化水平进入全国前列，仅次于上海、北京、天津和广东。2005 年在规模以上制造业 30 个行业中，浙江有 18 个行业主营业务占全国同行业的 10% 以上，实现 11 个行业的利润占全国比重的 15% 以上。1978～2007 年，浙江省年人均生产总值由 331 元增加到 37 411 元，从全国第 16 位上升到第 4 位。2008 年，浙江省生产总值为 21 462.69 亿元，居全国第 4 位，是我国较早进入工业化的经济发达的东部省份的典型代表。

合肥市地处中部，是安徽省省会，介于东部发达区和西部落后区之间，是全国重要的公路枢纽，具有承东启西的重要区位优势。安徽省作为我国主要的粮食产区，承担着我国的主要粮食生产任务，农业人口较多，全省城市化进程不如东部。相当长时间内，安徽省由于经济发展不快，城市没有大规模发展，不能承接农业人口的大转移，出现一段时间内安徽省大量的过剩劳动力向外省城市扩散的现象。安徽省具有重要产粮区和城市化、工业化、经济发展与资源居中等中部地区的典型特点。2008 年统计数据显示，安徽省粮食产量为 604.7 亿斤[①]，居全国第 6 位，全省生产总值为 8851.66 亿元，排全国第 14 位。2009 年农业人口为 5277.25 万人，占总人口的比例为 77.67%。

贵阳地处西部，是贵州省省会。长期以来，贵州省处在封闭的大山环境中，虽资源丰富，但开发较晚，人民思想意识较落后，导致农村过剩劳动力向城市扩散晚于东部和中部。由于地形、地理位置和历史等原因，贵州成为我国少数民族主要聚居区，也是贫困问题最突出的西部省份代表，浓缩了资源富集但城市化、工业化、文化教育和经济发展落后于全国的西部地区的

---

① 1 斤 =0.5 千克。

典型特点。贵州煤炭资源远景储量排全国第5位，水能资源蕴藏量为1874.5万千瓦，居全国第6位。贵州有41种矿产资源储量居全国前10位。其中，重晶石储量居全国第1位，稀土矿储量居第2位，磷矿储量居第3位，锰矿储量居第3位，锑和铝土矿居第4位。2008年统计数据显示，全省生产总值为3561.56亿元，仅排在全国倒数第6位。2009年，贵州省生产总值仅占全国的1.17%，工业总产值占全国的0.94%，分别在全国排第22位和第26位，农业人口为3394.7万人，占总人口的83.46%，贵阳高校在校人数仅24.42万人，同期的合肥和杭州则分别为35.21万人、37.51万人。

综上所述，浙江、安徽和贵州三个省地理纬度相近，分处我国东、中、西部，选择这三个省的省会作为东、中、西部研究区代表进行比较具有相当明显的示范意义。

1.2.2 研究区概况

1. 杭州城市概况

杭州市位于我国东部的长江三角洲南翼，是浙江省省会，全省政治、经济、科教、文化和信息中心。自古以来，杭州的经济文化就比较发达，历史上曾作为五代吴越国和南宋的都城，是全国重点风景旅游城市和历史文化名城。2007年，杭州被世界银行评为"中国城市总体投资环境最佳城市"第一名，被美国《福布斯》杂志评为"中国大陆最佳商业城市排行榜"第一名，被新华社《瞭望东方周刊》评为"中国最具幸福感城市"第一名，500强民营企业数量杭州位居全国第一。

新中国成立后，杭州市辖区（包括城区和郊区）变化较频繁。1949年，原杭州市市辖第一至第八区，并改名为上城、中城、下城、西湖、江干、艮山、笕桥、拱墅区，市区境域面积为253平方千米。后经几次变迁，到1985年年底杭州市辖区有上城、下城、江干、西湖、拱墅、半山6个区，市区境域面积增至430平方千米。1990年1月17日民政部批复撤销拱墅区、半山区，设立新的拱墅区。1993年4月经国务院批准杭州设立了国家级开发区——杭州下沙经济技术开发区，开发区地理行政辖区仍属于江干区，所以，1995年年底市辖区仍为上城、下城、江干、拱墅、西湖5区。1996年12月12日，钱塘江南岸萧山市的浦沿镇、长河镇、西兴镇划入杭州，杭州市政府在钱塘江南岸新设滨江区。到2000年年底市辖区有上城、下城、江干、拱墅、西湖、滨江6区。2001年3月13日，杭州市政府正式撤销萧山市和余杭市，同时设立萧山区和余杭区，到2009年，杭州市辖上城、下城、江干、拱墅、西湖、滨江、萧山、余杭8个区，市辖区总面积为3068平方千米。

杭州市地貌类型多样，气候四季分明。杭州市处在浙西中低山丘陵向浙北平原的过渡地带，是杭嘉湖平原和萧绍平原的组成部分。地表江河纵横，湖泊星罗棋布，京杭大运河穿城而过，钱塘江位于市区东南部。杭州属亚热带季风气候，雨量充沛。全年平均气温为17.5℃，平均相对湿度为70.3%，年降水量为1454毫米。

2. 合肥城市概况

合肥市地处我国中部地区，是全国重要的公路枢纽，具有承东启西、连接中原、贯通南北的重要区位优势，是全国最大的家电产业基地，是安徽省的政治、经济、科教和文化中心，是全国首批国家级园林城市、国家优秀旅游城市。历史上合肥一直没有取得区域中心城市的地位，直到1952年才被确定为安徽省省会，随后的时间里，由于经济相对落后，城区没有大规模扩展，建成区面积较小，城市蕴藏着很大发展空间。1991年，在合肥老城区西南部建立了国家级高新技术产业开发区，1993年4月，在合肥老城区南部建立了国家级经济技术开发区，1995年4月，在合肥老城区北部建立了省级开发区——新站综合开发试验区。进入21世纪之后，由于政府对城市建设的重视，建成区面积得到了飞速增长。2002年3月，合肥市区划调整，原东市区、中市区、西市区、郊区分别调整更名为瑶海区、庐阳区、蜀山区、包河区。同时，适当扩大了市辖区范围，将肥东县管辖的磨店乡和龙岗镇的8个村、2个居委会划归瑶海区，扩大市区面积76.37平方千米，调整后市区总面积596.01平方千米。到2009年，合肥市辖庐阳区、瑶海区、蜀山区、包河区4个区，市辖区总面积596.01平方千米。

合肥位于长江、淮河之间的江淮丘陵地区中部，巢湖北岸，南淝河穿城而过，江淮分水岭横贯东西。地貌以丘陵为主，地势相对平缓。气候四季分明，属亚热带季风气候，雨量充沛，年平均气温为15.7℃，降水量为900~1100毫米。

3. 贵阳城市概况

贵阳地处我国西部地区，是贵州省省会，位于贵州省中部，是全省政治、经济、科教、文化和信息中心。2008年全国省会城市生产总值排名中，贵阳仅排在倒数第三位，贵阳城市建设滞后，建成区面积较小，直到进入21世纪，城市建设才得到快速发展。贵阳是大西南重要的交通枢纽，贵阳南站为西南最大、全国第二大（仅次于郑州北站）的铁路编组站。1958年将市郊划分为花溪和乌当两区，1973年6月建立白云区。1992年经国务院批准，建立贵阳国家级高新技术产业开发区，分为西北部的金阳科技产业园和北部的新天科技工业园。1993年3月，在花溪区小河镇建立了贵阳国家级经济技术开发区，1993年6月撤销花溪区小河镇、南明区小河街道办事处，成立市辖副县级小河镇。2001年1月国务院批准设立贵阳市小河区。到2009年，贵阳市辖云岩区、南明区、花溪区、乌当区、白云区、小河区6个区，市辖区总面积为2320平方千米。

贵阳市位于我国云贵高原东斜坡地带，地形地貌多样，四面环山，有绵延百余千米的环城林带，是国家林业局命名的全国首座国家森林城市，被称为"森林之城"。贵阳属于亚热带湿润温和型气候，具有明显的高原性季风气候特点，以阴雨天多著称。年平均气温为15.3℃，年平均相对湿度为78%，年平均总降水量为1129.5毫米。贵阳夏无酷暑，夏季平均温度为23.2℃，最高温度平均在25～28℃。南明河贯穿市区。良好的生态、宜人的气候，使贵阳市获得中国气象学会授予的"中国避暑之都"荣誉称号。

1.3 相关概念

为更好地展开后续论述，有必要对本书的一些重要概念做出界定。

本书用的"城市扩展"，在国内外的文献中，具体表述大同小异，类似的术语有"城市扩张""城市蔓延"等。那么，这三者之间究竟有何种联系和差异呢？综合国内外的文献表述，三者的意思是相近的，都有城市向外伸展扩大的意思。只是城市扩展为中性词，而城市扩张和城市蔓延为贬义词，城市扩张和城市蔓延都有城市扩展过快的意思，但目前尚未有扩展过快的明确标准。在国外，特别是在美国，城市蔓延概念和我国稍有区别，它指的是城市低密度的、跳跃的郊区化扩展，城市中心弱化的现象。国外的文献中，对城市扩展常见的表达是"urban expansion"和"urban sprawl"两种表达。至于说达到什么程度或者超过哪个值就算是蔓延，没有一个统一的标准。在城市化的不同阶段，城市扩展速度的快慢标准是不一样的。

城市建成区（urban built-up area），简称建成区，属于地理学概念而非行政概念，是以非农用地和非农经济为主体的闭合完整区域。在中华人民共和国国家标准《城市规划基本术语标准》（GB/T 50280—98）中指城市行政区内实际已成片开发建设、市政公用设施和公共设施基本具备的地区。在中国，几乎所有城市的直接辖区（即市区，不含辖县）都远大于城市建成区，由于城市建成区更接近城市的实体区域，最符合城市实体的概念，因此本书以城市建成区来表征我国城市用地，文中提到的城市扩展也即城市建成区扩展。《城市规划基本术语标准》中关于城市建成区的定义是一个宏观性原则性解释，尚缺乏行之有效的公认权威的操作手段对这一基本界定进行落实。城市建成区面积的数据对于城市建设、管理和研究具有重大的指导意义。它是判断城市发展规模和阶段的重要指标，是判断城市发展水平的重要物质基础，是判断城市土地利用效率的基础数据。因此，为了便于遥感影像建成区面积数据的提取，有必要对城市建成区的遥感界定做出如下要求：①以《城市规划基本术语标准》中的定义为基础，利用遥感影像图，将分布有建筑物的连片区域近似地认为是城市建成区；②城乡结合部的独立地块，尽管未同市区连成一片，只要面积不小于0.2平方千米，中间间隔不超过100米，同市区的联系十分密切，一律划归为城市建成区；③对山体、湖泊水面、绿地的界定标准。对于完全被城市建成区所包围的河流、湖泊、坑塘水面和山体，如果水面和山体面积小于100公顷，河流宽度小于300米，其生态环境基本上被建成区所享用，则一律划归为城市建成区；④城市的郊区（县），如果在研究末期已经属于市辖区的，那么该城市各时期的建成区面积应包括郊区（县）的建成区面积。

城市化（urbanization），官方称之为城镇化，基本达成共识的意思为变传统落后乡村社会为现代工业社会。城市化不仅表现为农业人口转化为非农业人口，并向城市集中的聚集过程，而且表现为城市的经济关系、居民的生活方式及工业文明广泛向农村渗透的过程。对城市化的测度，国际上通常的方法是以城市化水平（城市化率）来表达，即城市非农业人口占城市总人口的比例。城市化的主要表现形式是人口从第一产业脱离，从事第二产业和第三产业，向城市聚集。由于人口的聚集，需要较为充足的土地供应才能为日益增加的城市人口提供生存、生活和生产的空间。因此，有"人口城市化"和"土地城市化"之说。也就是说，除了人口转移和聚集以外，城市建成区空间上的扩展，是城市化的必要条件之一。城市化是人类走向现代文明的必由之路，是经济发展到一定阶段的特定历史现象，是不以人的主观意志为转移的社会发展规律（王旭，2006）。

东中西部，是改革开放后我国为了加强对国民经济的宏观调控和对不同地区发展战略的分类指导而推出的一个经济区划概念，标志是1986年全国人大六届四次会议批准的"七五"计划。主要是根据地理位置、经济建设条件和现实经济技术水平所存在的差异把全国划分为东部、中部、西部三大经济地带。东部地带包括北京、天津、河北、辽宁、上海、江苏、浙江、福建、山东、广东和海南11个省（直辖市）。中部地带包括山西、吉林、黑龙江、安徽、江西、河南、湖北和湖南8个省。西部地带包括四川、重庆、贵州、云南、广西、西藏、陕西、甘肃、青海、宁夏、新疆和内蒙古12个省（自治区、直辖市）（图1.1）。

绿化覆盖率，是衡量土地绿化环境最核心、最重要的技术指标之一。它是指报告期内，植物的垂直投影面积占研究区总面积的百分比。

遥感大数据，是指遥感影像中蕴含的丰富的海量信息数据，人们可以从不同的角度用不同的方法对其进行研究利用。本来遥感和大数据是两个分开的东西，但最近几年二者结合得越来越紧密。遥感即"遥远的感知"，也就是在远离被测物体的位置上，通过遥感器接收、记录物体反射或发射的电磁波信息，经过对信息的传输、加工处理及分析与解译，对物体的性质及变化进行探测和识别的理论与技术。常见的遥感技术包括卫星遥感、航空遥感、无人机遥感等。大数据具有"5V"特征：体量大（volume）、多样性（variety）、变化快（velocity）、准确性（veracity）、价值大（value）。通过各种遥感技术获取的多种来源、多种介质、多种频段、多种分辨率的海量遥感数据具有典型的大数据特征：遥感影像数据量显著增加，呈指数级增长，体量庞大；随着对地探测技术的发展，人类对地球的观测水平达到空前水平，不同的成像方式、不同的波段和分辨率的遥感数据并存，遥感数据日益多元化，具有多样性特点；由于卫星绕地球不停地运转，从而能及时获取所经地区的地物信息，数据获取的速度变化快，更新周期短，时效性越来越强；遥感数据地物信息的客观反映，真实准确记录了地物信息的变化；遥感数据最开始主要用于整个地球，这是遥感数据的价值所在，也是大数据分析和大数据管理的核心。人们可以从不同的应用角度研究，以解决不同的实际问题，一幅影像经过解译能提供地表温度、土地利用、土壤或水文等丰富的信息。当然，遥感数据也可以用于城市扩展的观测，来服务国土、城市等规划。基于这种认识，遥感大数据就是运用大数据思维与手段，以海量遥感数据集为主、综合其他多种来源的辅助数据，从而集中获取价值信息的理论、方法和技术的统称，故本书中遥感影像也称为遥感大数据。

城市扩展遥感监测，是通过对不同时相的遥感影像信息的识别和提取，获知一定时间段内的城市扩展变化。

遥感大数据的解译，即遥感影像解译，也称判读或判释，指从图像获取信息的基本过程，即根据各专业（部门）的要求，运用解译标志和实践经验与知识，从遥感影像上识别目标，定性、定量地提取出目标的分布、结构、功能等有关信息，并把它们表示在地理底图上的过程。例如，土地利用现状解译，是在影像上先识别土地利用类型，然后在图上测算各类土地面积。影像的解译标志也称判读要素，它是遥感图像上能直接反映和判别地物信息的影像特征，包括形状、大小、阴影、色调、颜色、纹理、图案、位置和布局。解译者利用其中某些标志能直接在图像上识别地物或现象的性质、类型和状况；或者通过已识别出的地物或现象，进行相互关系的推理分析，进一步弄清楚其他不易在遥感影像上直接解译的目标。例如，根据植被、地貌与土壤的关系，识别土壤的类型和分布等。

（1）形状：指目标物在影像上所呈现的特殊形状，在遥感影像上能看到的是目标物的顶部或平面形状。例如，飞机场、盐田、工厂等都可以通过其形状判读出其功能。地物在影像上的形状受空间分辨率、比例尺、投影性质等的影响。

（2）大小：指地物形状、面积或体积在影像上的尺寸。地物影像的大小取决于比例尺，根据比例尺，可以计算影像上的地物在实地的大小。对于形状相似而难于判别的两种物体，可以根据大小标志加以区别，如在航片上判别单轨与双轨铁路。

（3）阴影：指影像上目标物因阻挡阳光直射而出现的影子。阴影的长度、形状和方向受到太阳高度角、地形起伏、阳光照射方向、目标所处的地理位置等多种因素的影响，阴影可使地物有立体感，有利于地貌的判读。根据阴影的形状、长度可判断地物的类型和量算其高度。

（4）色调：指影像上黑白深浅的程度，是地物电磁辐射能量大小或地物波谱特征的综合反映。色调用灰阶（灰度）表示，同一地物在不同波段的图像上会有很大差别；同一波段的影像上，由于成像时间和季节的差异，即使同一地区同一地物的色调也会不同。

（5）颜色：指彩色图像上的色别和色阶，如同黑白影像上的色调，它也是地物电磁辐射能量大小的综合反映。用彩色摄影方法获得的真彩色影像，地物颜色与天然彩色一致；用光学合成方法获得的假彩色影像，根据需要可以突出某些地物，更便于识别特定目标。

（6）纹理：也叫影像结构，是指与色调配合看上去平滑或粗糙的纹理的粗细程度，即图像上目标物表面的质感。草场及牧场看上去平滑，成材的老树林看上去很粗糙。海滩的纹理能反映沙粒结构的粗细，沙漠的纹理可表现沙丘的形状及主要风系的风向。

（7）图案：目标物有规律的组合排列而形成的图案，它可反映各种人造地物和天然地物的特征，如农田的垄、果树林排列整齐的树冠等，各种水系类型、植被类型、耕地类型等也都有其独特的图形结构。

（8）位置：指地物所处的环境部位，各种地物都有特定的环境部位，因而它是判断地物属性的重要标志。例如，某些植物专门生长在沼泽地、沙地和戈壁上。

（9）布局：又称相关位置，指多个目标物之间的空间配置。地面上的地物与地物之间相互有一定的依存关系。例如，学校离不开操场，灰窑和采石场的存在可说明是石灰岩地区。通过地物间的密切关系或相互依存关系的分析，可从已知地物证实另一种地物的存在及其属性和规模，这是一种通过逻辑推理判读地物的方法，在遥感解译中有着重要的意义。

目视解译一般程序：①了解影像的辅助信息，即熟悉获取影像的平台、遥感器，成像方式，成像日期、季节，所包括的地区范围，影像的比例尺，空间分辨率，彩色合成方案等，了解可解译的程度。②分析已知专业资料。目视解译的最基本方法是从"已知"到"未知"，所谓"已知"就是已有相关资料或解译者已掌握的地面实况，将这些地面实况资料与影像对应分析，以确认二者之间的关系。③建立解译标志。根据影像特征，即形状、大小、阴影、色调、颜色、纹理、图案、位置和布局建立起影像和实地目标物之间的对应关系。④预解译。运用相关分析方法，根据解译标志对影像进行解译，勾绘类型界线，标注地物类别，形成预解译图。⑤地面实况调查。在室内预解译的图件不可避免地存在错误或者难以确定的类型，因此需要野外实地调查与检证，包括地面路线勘察、采集样品（如岩石标本、植被样方、土壤剖面、水质分析等），着重解决未知地区的解译成果是否正确的问题。⑥详细解译。根据野外实地调查结果，修正预解译图中的错误，确定未知类型，细化预解译图，形成正式的解译原图。⑦类型转绘与制图。将解译原图上的类型界线转绘到地理底图上，根据需要，可以对各种类型着色，进行图面整饰，形成正式的专题地图。

第2章
国内外研究现状

2.1 城市扩展遥感监测研究

要判断城市发展的快慢及合理与否,需要对城市扩展速度、城市扩展程度及城市环境变化进行科学的监测。传统的监测手段费时费力,难以反映城市扩展变化的空间分布特征及其发展趋势。近些年,随着遥感技术和地理信息系统(GIS)的发展,遥感监测方法的优势越来越明显,遥感成为监测城市扩展动态变化的有效方法和途径,并逐渐成为一种趋势。下面从城市扩展监测遥感大数据的来源、城市扩展遥感监测研究现状和城市扩展的测度方法指标三个方面来展开。

2.1.1 城市扩展监测遥感大数据的来源

城市扩展监测遥感大数据的来源有两类:航空遥感和航天遥感(卫星遥感)。1910年,美国的怀特第一次成功地从飞机上拍摄了意大利Centocelli地区的航空像片,开启了航空遥感的使用。因为航空遥感耗资巨大,无法大量应用,所以我国城市航空遥感的研究文献也不多。例如,陈丙咸(1991)利用彩色红外航空像片对南京市建成区的居住用地、绿化用地等进行了监测。梅安新(1992)以上海市真如镇为研究区,应用了5年的航空像片,在GIS的支持下，对研究区各类土地变化和城市扩展进程进行了动态监测研究。常同元等（1997）利用1987年的1:50 000彩红外航片和1995年1:20 000黑白航片为信息源，监测分析了呼和浩特市区城市建设占地面积及城市建筑增长速度。这些研究验证了航空像片在城市监测中的可行性、有效性和省力、省时的特点。1972年7月23日，美国发射了第一颗地球资源卫星，也就是目前所称的陆地卫星1号（Landsat 1），其上搭载了多光谱扫描仪（multispectral scanner system，MSS）。从此，遥感监测便拉开了航天遥感的序幕。随后，美国国家航空航天局陆续发射了总共7颗地球资源卫星。在1982年7月16日发射陆地卫星4号时，开始搭载专题成像仪（thematic mapper，TM）传感器。1999年的陆地卫星7号改为增强型专题成像仪（enhanced thematic mapper plus，ETM+）传感器。与此同时或稍后，各国的资源遥感卫星也相继升空，如SPOT卫星、CBERS卫星和IKONOS卫星等（表2.1）。

表 2.1 常用的城市遥感卫星数据源

卫星数据源	传感器	开始发射年份	所属国家	地面分辨率/米
Landsat1-3	MSS	1972/1975/1978	美国	79
Landsat4-5	TM	1982/1984	美国	30
Landsat7	ETM+	1999	美国	30和15
SPOT	HRV	1986	法国	10
IKONOS	CCD	1999	美国	1
QuickBird	CCD	2001	美国	0.61
CBERS-01/02	CCD	1997	中国和巴西	19.5
CBERS-02B	CCD	2007	中国和巴西	19.5
HJ-1-A/B	CCD	2008	中国	30
TERRA/AQUA	MODIS	1999/2001	美国	250

虽然航空遥感监测较常规的统计方法在资料的准确性和可比性上有很大进步，但耗资巨大。航天遥感数据具有广视角、多时相，以及便于信息的数字化和数据传输等特点，而且GIS空间分析技术为遥感数据的存储、处理与信息表达提供核心技术支持（Harris et al., 1995），有利于监测城市用地向城郊扩展的速度及位置。在常用的城市航天遥感数据源中，SPOT、IKONOS和Quick Bird等遥感图像虽具有较高的空间分辨率，但由于价格昂贵，所以在实

际应用中相对较少。CBERS 和 HJ-1-A/B 卫星等，虽然是免费的，但由于卫星发射时间较晚，缺乏早期的遥感影像，故一般多用于近期的研究或作为其他遥感影像源的补充。30 余年来，美国陆地卫星系列因为获取了地球陆地表面最长时间的连续记录，所以成为目前城市扩展监测研究的主要遥感信息源（张增祥等，2006）。

2.1.2 城市扩展遥感监测研究现状

随着遥感技术和 GIS 技术的发展，利用卫星遥感手段进行城市监测受到了各国学者的重视。由于发达国家到 20 世纪 70 年代时就已经陆续完成了城市化，大规模的城市、交通建设已经结束，城市扩展趋于稳定，所以总体上城市扩展遥感监测研究不是发达国家学者近期的重点，他们主要是考虑城市的可持续发展。但是，美国是个例外，由于美国人追求郊区环境的舒适，所以美国的城市发展模式导致郊区化蔓延严重，有不少学者利用卫星遥感技术对城市扩展监测做了大量研究。例如，美国学者 Masek 等（2000）通过 NDVI 差值法对华盛顿地区进行城市扩展研究，利用空间纹理信息和设定限制条件的方法剔除了农业用地变化信息，准确提取了 1973～1996 年的城市扩展区域。Thompson 和 Prokopy（2009）、Lozano-Garcia（1993）也分别对伊利诺伊州、印第安纳州和佛罗里达州做了类似的研究。Sutton（2003）创新性地提出了用夜间卫星遥感影像来研究城市区域的方法，利用夜间灯光的多寡来准确地确定建设用地和非建设用地，监测发现美国西海岸的城市扩展速度低于内陆城市。Welch（1980）通过对 TM 影像的假彩色合成目视解译提取城市建成区面积，分析了建成区面积与人口之间的关系。法国学者 Durieux Laurent（2008）等利用 SPOT 5 卫星遥感影像进行城市建筑物的提取，有效监测了法国 Reunion Island 地区的城市扩展情况，为迅速发展的 Reunion Island 地区规划提供了很重要的信息。在发展中国家，除了中国外，印度的城市扩展遥感监测研究也较多。例如，印度学者 Taragi 和 Pundir（1997）利用卫星遥感影像监测了印度 Lucknow 地区的城市，发现城市扩展较快，且沿着主要交通干道向东北和西南方向扩展。印度学者 Mahesh（2008）等利用 MSS、TM、ETM+ 和 IRS LISS-Ⅲ 卫星遥感影像监测了 1977～2002 年印度城市 Ajmer 的扩展情况，发现城市土地增长是城市人口增长的 3 倍多。

改革开放以来，我国城市化水平的突飞猛进及城市变化的日新月异，吸引着我国学者对城市扩展监测展开了广泛的研究。根据监测研究区域将近年来我国城市扩展卫星遥感监测的研究成果分列于表 2.2～表 2.5。

表 2.2 直辖市扩展遥感监测

研究区域	区域位置	卫星资料	研究年限	主要内容	作者及发表年份
北京市	东部	TM	1984～1992	利用遥感数据分析北京城市扩展特征	戴昌达和唐伶俐（1995）
上海市	东部	TM	1987～2000	分析城区扩展的时空特征，并对市区扩展与郊区扩展进行比较	李晓文等（2003）
四大直辖市	东西部	MSS、TM、ETM+、"北京一号"小卫星、CBERS-2	1973～2005	利用遥感影像，监测分析了所有中国省会及直辖市的城市扩展时空变化	张增祥等（2006）
北京市	东部	MSS、TM、CBER	1975～2004	利用遥感影像对北京市近30年的扩展变化进行动态监测	江清霞和张玮（2007）
北京市	东部	TM、ETM+、DMC、"北京一号"小卫星	1973～2005	分析了北京建成区扩展的时空变化及驱动因素	牟凤云等（2007）
重庆市	西部	MSS、TM、ETM+	1978～2005	研究了重庆市城市空间形态特征和演变过程	牟凤云等（2008）
重庆市	西部	SPOT、CBERS-1	2000～2006	分析了重庆市城市扩展的时空演变特征及扩展的驱动因素	张力等（2009）

表 2.3 省会及计划单列市扩展遥感监测

研究区域	区域位置	卫星资料	研究年限	主要内容	作者及发表年份
石家庄市、邢台市	东部	TM	1987～1993	利用TM图像，提取城市扩展信息，研究城市发展变化的趋势	江涛和张传霞（1999）
南京市	东部	SPOT、TM	1993～1998	利用遥感、IHS融合和比值、差值综合技术对用地扩展进行动态监测	房世波等（2000）
南昌市	中部	TM	1991～1997	用遥感技术对南昌市城市扩展的时空变化进行了动态监测	陈美球等（2001）
长沙市、株洲市、湘潭市	中部	MSS、TM、CBERS-1	1973～1999	建立了相应的数学模型，分析了长株潭城市扩展的规律	王均灿等（2002）
长沙市、株洲市、湘潭市	中部	MSS、TM、CBERS-1	1973～1999	遥感研究了湖南长株潭城市群的城市扩展、空气污染、城市热岛状况	彭顺喜等（2003）
济南市	东部	TM、ETM+	1987～1991	研究济南市城区扩展动态变化、城区扩展模式与驱动力	董芳（2003）

续表

研究区域	区域位置	卫星资料	研究年限	主要内容	作者及发表年份
乌鲁木齐市	西部	MSS、TM	1975~2002	分析城市土地利用结构、景观特征等，研究扩展的规模、强度、空间分异特征	董雯等（2006）
长沙市	中部	MSS、TM、ETM+	1973~2001	对比城市用地熵值变化，分析城市扩展时空特性和城市扩展驱动力	胡德勇等（2006）
广州市、深圳市、中山市	东部	MSS、TM、ETM+	1979~2004	分析了广州、深圳等城市建成区扩展的时空特征及扩展驱动因素	王姣（2006）
郑州市	中部	TM	1988~2002	对郑州市城区扩展动态变化及其驱动力机制进行了研究	冯恩国（2007）
广州市	东部	MSS、TM、ETM+	1979~2004	基于史料和遥感影像，探讨了广州城市空间形态特征和演变过程	牟凤云等（2007）
武汉市	中部	TM、ETM+	1991~2002	分析武汉市城区扩展的时空变化特征，揭示了城区扩展的规律	蒋金龙等（2007）
长沙市	中部	TM、ETM+、SPOT、QuickBird	1986~2004	利用扩展速度、分维数等指标分析长沙市区建设用地扩展的时空特征，并分析了扩展的驱动机制	林目轩等（2007）
乌鲁木齐市	西部	MSS、TM、ETM+	1975~2004	在遥感、GIS和分形理论的支持下，研究建成区土地利用空间格局变化	肖鲁湘等（2007）
南京市	东部	MSS、TM、ETM+	1979~2004	研究城市扩展时空特征及与人口发展的协调性；分析扩展驱动因素	王茜等（2007）
西安市	西部	TM、ETM+	1988~2002	研究了西安城市建成区的时空变化和扩展规律	韩晨（2007）
南昌市	中部	MSS、TM、ETM+	1976~2004	分析了建成区扩展的时空特点，并对其驱动力进行了探讨	左丽君等（2007）
南京市	东部	CBERS、ETM+	2001—2005	动态监测建成区，并结合相关资料分析建成区扩展特点及驱动力	李天华等（2007）
沈阳市	东部	MSS、TM、ETM+、CBERS-2	1979~2006	对沈阳市城区扩展进行动态监测，并分析城区扩展的驱动力	王秋兵等（2008）
济南市	东部	MSS、TM、ETM+	1979~2004	动态监测济南市城市建成区，分析了影响建成区扩展的驱动因素	牟凤云等（2008）
郑州市	中部	TM、ETM+	1988~2001	利用遥感技术提取城市用地扩展信息，并分析城市扩展模式	卢晓峰（2008）
长沙市	中部	TM	1991~2004	分析城市土地利用时空特征，模拟其变化趋势，定量分析其驱动力	黄雄伟（2008）
广州市、佛山市	东部	TM	1988~2005	分析城区扩展的时空特征，并分析GDP、人口与建成区面积的关系	王永梅等（2008）

续表

研究区域	区域位置	卫星资料	研究年限	主要内容	作者及发表年份
南京市	东部	TM、ETM+、IKONOS	1988～2006	研究遗传算法和最小二乘法支持向量机模型的不透水面提取法，分析城市扩展过程	陈亮（2009）
济南市	东部	TM、ETM+	1979～2005	分析了济南城市扩展的时空特征及影响因素	陈淑兴等（2009）
西安市	西部	TM、ETM+	1988～2007	运用扩展强度指数、城市建设用地相对变化率和分形维数研究城市扩展	杨勇和任志远（2009）
郑州市	中部	SPOT	1988～2001	分析了郑州市城市用地的时空演变特征和城区扩展的驱动因素	周爱梅等（2009）
宁波市台州市	东部	MSS、TM、ETM+	1979～2005	分析城市扩展时空特征，并与人口、GDP等因素进行相关分析，研究其扩展的动力机制	王杰和李加林（2010）
西安市	西部	TM、ETM+	1988～2002	定量研究城市扩展的时空变化，分析了城市扩展的驱动力	冯晓刚等（2010）
昆明市	西部	TM、ETM+	1992～2002	分析城市扩展的时空特征，并研究影响其扩展的驱动因素	杨恒喜等（2010）
厦门市	东部	TM、ETM+、CBERS-1	1993～2007	分析城市扩展的时空变化及其驱动力，探讨城市空间扩展的策略	施益强等（2010）

表 2.4 地级市扩展遥感监测

研究区域	区域位置	卫星资料	研究年限	主要内容	作者及发表年份
东莞市	东部	TM	1988～1993	通过熵的计算，定量地监测并描述城市扩展的规律及扩散过程	黎夏和叶嘉安（1997）
绍兴市	东部	TM	1989～1996	监测了绍兴市城市扩展的变化，并分析了城市扩展的驱动力	沙晋明和唐诗玉（1998）
泰安市	东部	TM、CBERS-1	1987～2000	提取与城市扩展动态变化有关的参数因子，并分析其变化规律	祝善友等（2002）
无锡市	东部	SPOT、TM、CBERS-1	1984～2000	通过自然、交通和社会经济条件的综合研究，揭示城市扩展的时空分异规律	汤君友和杨桂山（2004）
常熟市	东部	TM、ETM+	1984～2002	分析城市扩展的时空特征及驱动力，研究苏南地区城市扩展规律	马荣华等（2004）
徐州市	东部	TM	1987～2000	运用MATLAB软件技术，对建成区扩展的时空变化进行了监测	陈龙乾等（2004）
东营市	东部	TM	1996～1999	提出基于图像差值和分类专题图的城市扩展变化提取方案并分析扩展变化	盛辉等（2005）

续表

研究区域	区域位置	卫星资料	研究年限	主要内容	作者及发表年份
常德市	中部	MSS、TM、ETM+	1978~2002	监测城市扩展,揭示扩展的空间分异规律,阐明扩展中心的时空迁移模式	彭光雄等(2005)
芜湖市	东部	TM、ETM+	1990~2000	对城市用地空间分布进行定量分析与描述,从而揭示其扩展规律	金宝石等(2005)
苏州市	东部	SPOT、TM	1986~2003	分析建设用地变化和城区扩展特征,探讨了引起这种变化的原因	陈德超等(2006)
徐州市	东部	MSS、TM、ETM+	1979~2000	采用最大似然分类法提取徐州市建成区,分析研究城市扩展的时空变化	赵昕和胡召玲(2006)
南通市	东部	TM、ETM+	1984~2003	分析地级市、县(市)和建制镇扩展的时空特征及驱动因素	储金龙等(2006)
滁州市	东部	MSS、TM	1978~2006	提取建成区面积,并对城市扩展的时空变化进行研究	蔡爱民和杏良松(2008)
江阴市	东部	TM	1996~2005	研究江阴城市空间扩展过程,分析影响城市发展的因素	陆毗等(2010)
四平市	中部	MSS、TM、ETM+	1976~2007	以城市面积变化、分维数、紧凑度等作指标,研究四平市城市扩展及其特点	尹芳等(2010)

表 2.5 县级市及市辖区扩展遥感监测

研究区域	区域位置	卫星资料	研究年限	主要内容	作者及发表年份
义乌市	东部	TM	1986~2002	监测义乌市城市扩展的时空变化,并分析城市扩展的影响因素	李丹等(2004)
鄂尔多斯市东胜区	西部	IKONOS、Quick Bird	2001~2006	利用遥感和GIS相结合的方法,以内蒙古鄂尔多斯市东胜区为例进行城市动态变化的分析研究	李秀云(2009)

从表 2.2~表 2.5 可以看出,虽然我国许多学者在城市扩展遥感监测上做了大量的研究,但仍然存在一些不足,主要表现在:①以研究东南部沿海经济发达城市为主,对经济不发达的中西部城市研究较少;②以研究单个城市为主,研究特定行政地域内的城市群为辅,缺乏全国宏观层面的监测对比分析研究,也缺乏对全国城市扩展形势的总体认识,以及宏观层面上对城市扩展时空特征的深入分析和规律总结。对于我国这种幅员辽阔、地域经济发展各具特点的国家,东中西部城市扩展监测比较显得非常重要。目前的城市

扩展监测多是单个城市进行纵向比较，缺乏东、中、西部城市间的横向比较。此外，在现有的少量东、中、西部比较研究中，建成区面积使用的是统计资料数据，其不能很准确地表示城市建成区的空间扩展状况和实际范围；③在城市用地扩展的监测过程中，往往是研究扩展前后各种地类的转换或者将建成区视为整体加以研究，缺乏对城市扩展过程中建成区内绿地、水体变化的特征和规律研究。

2.1.3 城市扩展的测度方法指标

城市扩展存在时空差异，需要设计出一些可量化的测度指标或者运用其他数学研究方法来揭示城市扩展的速度和程度，从而更加清楚地认识和展示城市扩展的内在规律。随着国内外城市扩展监测定量化研究的逐步深入，新的方法指标不断涌现。目前常用于分析城市扩展速度及程度的方法指标如表2.6所示。

表 2.6 研究中常用的城市扩展测度指标

指标	公式	说明
城市建成区年均扩展速度（V）	$V=\triangle A/\triangle t$	V表示建成区年均扩展速度，$\triangle A$表示某个时间段建成区的扩展面积，$\triangle t$表示时间段的跨度，以年为单位
建成区年均增长率（GR）	$GR=(\sqrt[\triangle t]{A_t/A_0}-1)\times 100\%$	建成区年均增长率（几何平均增长率）在国内学术刊物上多称为建成区年均增长速度（速率）（范作江等，1997；冯科，2010），但它实质上是个无量纲的百分比，为了避免和传统意义上的速度概念混淆，本书认为称建成区年均增长率较为妥当。该指标主要用来表征研究区域的不同时间城市土地扩展的快慢。GR表示建成区扩展年均增长率，A_t表示某个时间段末建成区的面积，A_0表示某个时间段初建成区的面积，$\triangle t$表示时间段的跨度，以年为单位
城市用地扩展系数（K）	$K=GR/PR\times 100\%$	指一定时期内城市用地增长率与城市人口增长率之比。这是目前普遍采用的测定城市用地扩展程度的方法。K为城市用地扩展系数，GR为城市建成区年均增长率，PR为城市非农业人口年均增长率
人均城市建成区面积（A）	$S=S_t/P_t$	S表示人均城市建成区面积，S_t和P_t分别表示某个时间的城市建成区面积和城市建成区非农业人口

在监测城市扩展时，有的研究者用了其中的一个指标或方法，有的使用多个指标或方法。下面列出部分较具代表性的研究案例来进行说明。穆江霞（2007）通过计算城市用地扩展系数和城市异速生长特征系数，揭示了西安

市城市扩展的数量变化，认为西安市城市扩展总体上属于适宜增长类型。薛东前和王传胜（2003）也通过计算城市用地扩展系数和城市异速生长特征系数，分析了无锡市城市扩展的数量特征，认为无锡市城市扩展总体上属于快速增长类型。朱英明和姚士谋（1999）通过计算苏皖沿江各城市的城市用地扩展系数，认为1996年前，马鞍山、苏州、铜陵、安庆、无锡属于城市扩展不足型，芜湖、常州、合肥属于城市扩展过快型。萧笃宁（1997）计算出1984～1992年中国的城市用地扩展系数为1.46，认为此期间城市扩展占地速度过快。李郇等（2009）利用城市异速生长特征系数，分析了1990～2005年中国城市用地增长与城市人口增长之间的关系，认为1990年中国城市增长是负异速增长，2000年和2005年呈现正异速增长的状态。陈龙乾等（2004）利用建成区年均扩展速率监测分析1987～2000年的徐州市，得出1994～2000年城市扩展的速度比1987～1994年更快。李飞雪等（2007）使用航空影像和卫星影像作为数据源，利用建成区年均扩展速率等指标监测了1949～2003年南京市的城市扩展变化，揭示了南京城市扩展受经济发展主导的规律。范作江等（1997）利用建成区年均扩展速率监测了1984～1994年北京市的城市扩展变化，发现北京建成区年均扩展速率在不同时间段有明显差异：1984～1988年是6.868%，1988～1992年是2.857%，1992～1994年是4.423%。前四年的年均扩展速率远远超过后六年的年均扩展速率。陈本清和徐涵秋（2005）利用年均扩展速率监测分析了厦门市1989～2000年建成区的变化，得出1989～1995年年均扩展速率为12.41%，1995～2000年年均扩展速率为6.56%，后期扩展速度较慢，只有前期的约1/2。杨勇和任志远（2009）、马荣华等（2008）、马晓冬等（2004）分别运用扩展强度指数对西安市、常熟市、苏州市的城市扩展进行了监测分析，在一定程度上揭示了城市建设用地的扩展规律。印度学者Bhatta等（2010）利用卡方检验和香农熵的方法对加尔各答的城市扩展进行了测度研究，结果表明加尔各答城市扩展过快，产生了负面效应。

通过以上指标和方法，虽然在一定程度上可以判断不同时期城市扩展的快慢及程度，但是仍有些不足：在这些指标和方法中未形成一个得到普遍认可的客观标准，来评价什么样的城市扩展程度或速度是合理的，即便是国内通常采用的城市用地扩展系数的合理值1.12，也有待商榷（徐梦洁等，2008）。这个值是中国城市规划设计院（1989）通过对1989年前我国几十年的城市化研究所得的结论：城市非农业人口每增加1个百分点，建成区面积应增加1.12个百分点左右。此值过小，会导致城市建设用地紧张；此值过大，势必造成城市建设占地过多、土地利用效率过低的现象。国内外很多城市扩展的实践表明，城市用地扩展系数都大大超过了这个值。以美国城市芝加哥为例，1970～1990年，芝加哥都市区人口增加了1.2%，总的城市化用地面积增加了24.1%，城市用地扩展系数超过了20，约是合理值的18倍（Kolankiewicz and Beck，2001）。在国内，陈美球和吴次芳（1999）据卫星资料分析，全国37个特大城市的主城区用地规模平均增长50%，城市用地扩展系数达到2.29，达到了合理值的2倍以上，小城市用地规模扩展更为迅速。我国由于历史原因，长期以来一直是农业国家，工业化程度很低，城市发展较为缓慢，城市建成区面积基数不大，20世纪80年代我国城市人均建成区仅有60平方米左右。直到1990年国务院颁布了《中华人民共和国城镇国有土地使用权出让和转让的暂行条例》，城市扩展加快的现象才普遍出现。1989年研究的城市用地扩展系数合理值是否还适宜指导当前城市的发展？薛东前等（2003）认为用地扩展系数的高低并不能完全显示城市用地扩展的合理与否，还需要看城市扩展的结果是否使人均水平达到应有的高度。显然用单一的指标来判断各类城市建成区扩展的合理性是不够的，亟待建立复合型的城市建成区扩展测度指标体系，这已经成为目前国内外研究的关键性、前沿性课题之一，也是难点之一。事实上，城市人口和城市建成区是不同空间维度上的增长变量，他们的增长速率是不一致的（Nordbeck，1971）。犹如一个人，大家都知道婴儿的身体从小长到大，他的器官（如心脏）也会增长，但是心脏增长的速度与身体增长的速度并不一致，身体扩大了2倍，心脏可能才增长1.5倍，二者遵循着 $Y(X)=X^b$ 的幂律方程，这就是生物界中普遍存在的异速生长律。虽然研究者们把生物学领域的异速生长规律进一步延伸到了城市复杂系统的研究中（Nordbeck，1971；Lee，1989），但城市异速生长特征系数也没有一个权威的固定值，有的认为是0.85，有的认为是0.9。由于城市用地和人口的增长并非简单的线性关系，而且城市在自然、经济和社会等方面存在诸多差别，以及在国情和城市扩展驱动机制上存在诸多差异，所以很难找到恰当指标来准确地测度城市扩展的合适度。英国经济学家Peter（1973）就认为，不可能发现城市扩展的最佳平衡模式，Hall（1997）和 Bourne（1996）也持有类似的观点。有研究者认为，随着城市机能的变化，最佳城市规模也在变化，不同阶段的最佳城市规模是不同的（Gibason，1977）。因此，结合实际，综合运用各种测度指标，以求较为客观地反映城市扩展状况，这是很有必要的。

2.2　城市扩展驱动力研究

驱动力研究一直是城市扩展研究的热点之一，国内外众多学者对此进行了较为深入的探索和研究。经过简单归纳，大致可分为定性研究和定量研究两类。

2.2.1　定性研究

陈有川（2003）通过对导致大城市规模急剧扩展的时代背景性因素、发展代价性因素和体制缺陷性因素的分析，指出大城市规模急剧扩展主要是我国良好的经济发展前景和大城市日益凸显的主体地位的必然反映，是发展中国家快速发展所付的必然性代价。林目轩等（2007）认为政策因素是除经济发展及人口增长因素外重要的城市扩展驱动因素。吴洪安等（2005）认为，经济的快速发展、投资额的大幅增加、城市人口的快速增加及交通基础设施的发展是西安城市扩展的驱动因素。徐枫等（2005）认为城市扩展的机制分为有意的人为控制和无意识的自然增长。其中人为控制主要是制度及政策的影响，而在无意识增长中，人口的增长和经济的发展驱动着城市空间的不断自然增长。程效东等（2004）认为，马鞍山城市扩展是经济发展、人口、交通建设、政策及人民生活等各种因素共同作用的结果。刘曙华和沈玉芳（2006）认为，在不同的阶段各种驱动因素作用大小不同，上海市城市扩展受到过农业的发展、工业的扩展、迁移与住宅区的兴建及交通运输等因素的影响。曾磊等（2004）认为，保定城市土地利用变化受多种驱动力的作用，但其中制度和政策变化、经济发展、人口增长这三个因素影响最大。朱振国等（2003）认为城市扩展的首要驱动力来源于城市化进程的加速，城市人口持续增加，城市人均住房面积逐年上升也是促进城市扩展的一个因素。另外，近年来开展的旧城改造和现代城市标准建设也是推动南京城市扩展的主要因素。印度学者 Sudhira（2004）用 GIS 和遥感技术研究了印度 Karnataka 的 Mangalore 和 Udupi 两个城市扩展的驱动力，认为城市人口增长是城市扩展的主要驱动力。刘盛和（2002）认为城市土地扩张的动力因素主要包括自然和社会经济两大类，其动力机制包括自然机制、市场机制、社会价值机制、政治权力机制等。何流和崔功豪（2000）提出，南京城市空间扩展的内外部动力主要包括经济总量的增长、城市产业结构的调整、城市功能的演变、政策的变动、外部资金的投入等。姚士谋等（2002）提出香港发展的动力机制：有限的生存发展空间；世界资本、技术高度集聚的空间；市场经济规律的推动；政府政策诱导资本扩散；现代都市生活引导城市区域的分散化。陈本清和徐涵秋（2005）认为，厦门城市扩展的驱动力为经济的快速发展、外商投资的注入和多山临海的地理环境。加拿大的 Pierce（1981）研究了人口在 25 000 人以上的加拿大城市，认为城市扩展的驱动力包括城市人口的增长、该地区的经济发展水平、城市所在地区域、城市周围农田的肥沃程度等。美国学者 Walker 和 Solecki（2001）等利用遥感影像研究美国南部佛罗里达州的土地利用/覆盖变化（城市、农业、自然地域之间的转化）的趋势，分析了城市用地和农业用地地租的高价与低价两种体系对城市扩展的影响。Schneider 等（2005）认为成都市扩展受政策（西部大开发）、住房、土地、经济的市场化作用的影响。

2.2.2 定量研究

近年来，随着驱动力定量研究的日益增多，很多研究中都构建了关于城市建成区面积与其相关驱动因素之间的线性或非线性模型，并取得了丰富的成果。范作江等（1997）采用遥感与 GIS 相结合的技术方法，提取北京市四个时相的城市面积，然后与同期的社会经济统计数据做灰色关联分析，确定了在研究时段内，用于住宅的基本建设投资对城市扩展的影响是最大的。谈明洪等（2003）对中国近 15 年来城市扩展的基本态势，以及人口、经济增长和城市环境改善与城市扩展的内在作用机制进行了单因子回归分析，得出城市扩展与城市人口和国内生产总值皆呈高度正相关，通过偏相关得出国内生产总值增长更能解释城市扩展，经济增长是城市扩展最重要、最根本的驱动因素。朴研和马克明（2006）采用多元统计分析方法对1978~2002年北京城市扩展的驱动因素进行了分析，认为经济的发展程度、农村与城市居民的生活水平差距、第二和第三产业生产规模、固定资产投资额是影响城市扩展的重要经济因素。黎云和李郇（2006）通过构建回归模型得出我国各类城市建成区面积的弹性系数，认为城市经济发展水平是影响城市用地规模的主要因素。何丹（2006）通过人均城市用地增长率等指标分析得出：我国大城市扩展的主要驱动力是城市人口增长和城市环境的改善。其中，我国东部大城市扩展的主要驱动力是城市环境改善和城市人口增长，中部大城市主要是社会经济发展和城市环境改善，西部大城市主要是城市人口增长和城市环境的改善。章波等（2005）利用相关分析和因子分析方法，分析长江三角洲地区的城市扩展，得出人口的增长和非农化（城市化率）、经济总量的增长是城市扩展的主要驱动因素，但是不同时期的主要驱动力不同，人口的非农化的作用不断增加，经济总量增长的作用明显减弱，第三产业发展的驱动作用越来越强。意大利学者Camagni（2002）等通过对米兰市的实证研究，证实了蔓延式的城市扩展模式在土地消耗方面的浪费特点，也证实了低密度的城市蔓延会带来更大的环境影响，就效率和竞争来讲，公共交通受到的影响似乎更大，城市蔓延越分散、越没有组织，它的效率和竞争水平越低下。王丽萍等（2005）利用主成分分析法得出城市扩展的主要驱动因素是社会经济发展和人口增长，而经济发展是城市扩展的根本驱动力，经济因素中产业结构调整与经济效益差异则是其直接诱导因素。史培军等（2000）利用最大似然法和概率松弛法研究深圳经济特区的城市扩展，得出城市扩展驱动力主要是开放政策、城市人口迅速增长、外资大量涌入和以房地产为主的第三产业的快速发展。刘纪远等（2005）利用TM影像监测我国的城市扩展，通过回归模型发现社会经济指标、自然条件差异与政策因素是主要扩展驱动力。陈利根等（2004）以马鞍山市为例，研究了人口、经济等因素与建设用地规模的相关性，并建立了多因素回归模型，得出城市人口的增加是目前城市扩展的主要驱动因素。鲍丽萍和王景岗（2009）采用灰色关联法测度了各驱动因素的作用程度，认为社会发展是城市扩展的主要驱动力，非农业人口增长是城市扩展的主导因素，交通基础设施建设是城市扩展的直接原因，经济总量增加和房地产开发投资并不是推动城市扩展的主导动因,而国家政策的不连续性、多变性和衔接性较差是导致城市扩展周期波动的根源。王丽萍等(2005)以江苏省13个地级市为样本,以建成区面积变化为因变量,选取了人均生产总值、城市化水平、人口密度等影响因子进行主成分分析,比较了不同经济发展阶段城市扩展的驱动机理,认为经济发展、人口增长是城市扩展的主要驱动力。郝素秋等(2009)通过建立南京市城市扩展驱动多元线性回归模型并通过显著检验,提出经济发展与城市人口的增长是城市扩展的主要驱动力,同时政治经济政策的影响非常显著。Tian等(2005)通过城市土地百分率和城市扩展强度指数研究了20世纪90年代我国城市扩展驱动力,认为经济快速增长和城市发展政策是主要的驱动力。Michael(2001)和Li等(2003)也有类似的观点。Brueckner(1983)利用新古典单中心城市模型对城市扩展进行描述和解释,通过比较静态分析得出,城市扩展与居民的收入、数量及农业土地的租金有关。Cheng和Masser(2003)在城市增长不满足正态性假设的前提下,利用探索性空间数据分析(ESDA)消除空间变量自相关的影响,建立武汉市城市扩展与邻域变量、邻近度变量和分类变量的Logistic模型,得出道路基础设施与开发区兴建是城市扩展的主导因素。Luo和Wei(2006)以南京市为例,利用人口普查数据与居住用地数据建立起人口趋势分析模型,并通过地理空间分析研究了人口与土地利用的关系,得出人口是城市扩展的主要因素。美国地理学家Berry(1973)用95个国家的43个变量进行主成分分析,证明了经济增长对城市化的巨大推进作用。

综上所述,城市扩展是多种因素综合作用的结果,只不过不同的城市在不同时期某种或某几种因素的作用强度相异,从而产生不同的城市形态与城市空间扩展模式。总的来说,政策、人口增长与经济发展是城市扩展的主要驱动因素,这是目前大多数专家、学者的一个共识。对于不同的国家、不同的城市,这些因素在建成区扩展中所起作用的大小是不尽相同的,而且不同驱动因素对城市扩展的影响程度也有差异,因此应该对各种驱动因素的作用进行比较研究。在定量分析上,构建建成区扩展驱动因子指标体系时,缺乏高校扩招对城市扩展驱动作用的深入分析。高校扩招为城市输入了大批的高素质人才,对我国城市扩展应有不可忽视的作用,值得进一步的深入研究。在定性分析上,因为有些驱动因素难以量化,如政策因素,只宜定性分析,所以有必要对城市扩展驱动因素进行综合分析。尽管国内外学者对城市用地扩展影响因素的研究给予了越来越多的关注，但总体上仍局限于对单个或极少数城市的考察上，基于地区差异进行比较研究的文献鲜见。为此，本书以东中西部的城市为研究对象，对城市扩展的影响因素进行比较分析，并从中找出相似性与差异性特征，为把握城市用地扩展规律提供更为充分的依据。

2.3 城市扩展效应研究

城市扩展产生了一系列的社会、经济与生态环境效应，如耕地减少和人口迁移等（Deakin，1989）。本书把有关城市扩展效应的争论归纳为两方意见，从学术界主要倾向和新闻媒体报道来看，批评"城市病"一方为当前主流，姑且称为正方，相对地，把另一方称为反方。正方认为城市扩展导致"城市病"，破坏生态环境；反方认为城市扩展是社会经济发展的必然结果，一些负面效应的出现是发展中的代价，可以通过城市的发展来解决。具体内容详见表2.7。

表 2.7　城市扩展效应的争论

争论焦点		正方	反方
社会效应	耕地和粮食安全	城市扩展消耗了有限的耕地资源，威胁着粮食安全	消耗一定的耕地是城市扩展的必然代价，城市化发展有利于土地利用的集约化
	交通问题	城市扩展引起了交通拥堵	交通拥堵随着科技发展和规划管理水平提高是可以解决的
	城市化	城市化加剧了城市和农村发展的不平衡	城市化带来科技文化的繁荣，同时也推动农业农村的发展，加速社会整体前进的步伐
生态环境效应	人居环境	城市扩展造成了土地景观破碎	城市扩展拓宽了居民生活和工作的空间，改善了通风透光条件
	生物多样性	城市扩展破坏了生物多样性，导致物种灭绝	城市只占地球空间极小的一部分，生物仍有相当大的生存空间
	环境污染	城市扩展带来了环境污染	环境污染并不是城市扩展的必然结果，是可以解决的
	热岛效应	城市扩展使绿地和水体减少	现在的城市规划留有很多的绿地和水体
经济效应		城市扩展规模效应不显著	城市规模扩大有利于形成规模效应、集聚效应

表 2.7 归纳了双方争论的焦点，下面分别对双方的观点作具体的阐述。在正方看来，目前城市扩展太快了，某些城市太大了，带来了诸如耕地减少、生态环境恶化和交通拥堵等"大城市病"。特别是在欧美等发达国家，由于工业化时间较早，已经完成了城市化，人民的生活水平得到很大提高，社会更为关注城市扩展所带来的负面效应。美国学者 Bengston 等（2005）调查公众对城市扩展的反应后发现，公众最关注的是扩展对环境的影响，然后是开放空间的缺失和交通拥堵。美国学者 Burchell（1998）认为，城市扩展带来了土地消耗、市政基础设施投入增加及一定的环境成本。意大利学者 Travisi 等（2010）认为城市扩展和城市交通堵塞是密切相关的。Abdel-Rahman 和 Fujita（1990）、Calino（1982）认为城市规模的扩大必然造成负外部效应。Carl（1999）认为城市扩展的直接成本就是大量土地资源被钢筋、水泥、混凝土永久地转变为城市建筑环境，由此导致自然环境和开放空间数量上的减少和空间上的缩小，对野生动物产生了极大的威胁，并且加重了城市的空气污染程度。Batisani 和 Yarnal（2009）研究了宾夕法尼亚州申特县，认为城市扩展造成了土地景观破碎。Vale（1976）、Lee（2004）和 Luniak（1994）认为城市化是改变自然环境、引起大多数当地物种快速减少和灭绝的最主要原因之一。持有类似观点的学者还有很多：澳大利亚学者 Compas（2007）认为美国城市的郊区化减少了生物的栖息地，而且让土地景观破碎化，威胁了生物的多态性；郑光美（1984）、McIntyre（2000）、Mackin（1988）、Denys（1998）和 Czech 等（2000）认为，城市化过程中的建筑物、道路密度及其他基础设施造成市区植被覆盖率降低是引起城市生物多样性减少的主要原因。Hoffhine（2003）和 Johnson（2001）认为如果没有合理的规划和布局，城市的发展将被环境、经济和社会等产生的问题所阻碍。汪冬梅等（2002）认为中国城市规模与城市经济效益间存在弱相关关系，城市经济效益不决定于城市的规模。冯健和周一星（2002）认为城市摊大饼扩展侵占了周边的耕地，破坏了周边的生态环境，主张向城市的外围去寻求发展空间。英国化学家 Lake Howard 于 1820 年发现城市中心区气温比周边郊区高，进而提出了城市热岛效应（胡华浪等，2005）。梁顺林（2009）认为植被和水体的城乡差异是导致城市热岛效应的两个关键因素。Grimm 等（2008）认为，大城市的中心温度常常比外围地区高 5℃，随着城市范围的扩展和大都市群数量的增长，区域气候势

必会受到强烈影响。Weng（2001）利用遥感和 GIS 技术对我国珠江三角洲城市的地表温度进行监测和评估，得出城市的发展使城区的地表辐射温度上升了 13.01 开。Civerolo 等（2000）和 Nowak 等（2000）研究发现，如果增加城市植被覆盖，将会有助于降低城区温度和空气污染。岳文泽等（2006）利用 Landsat 数据对上海市城市环境的研究也得出同样的结论，并提出将 NDVI（植被指数）作为一个指标来评价城市土地利用对生态环境的影响。

　　反方认为，城市化水平越高，土地、基础设施的利用效率就越高，同时有利于环境污染的治理。人流、物流、能量流和信息流集中在城市运行，有利于发挥城市的集聚效应，促进科技文化的发展，发挥城市的辐射效应，带动农村发展，加快社会整体的发展速度。此外，城市的规模越大，聚集能力越强，分工程度越高，创造就业岗位越多，对推动劳动生产率的提高和经济社会发展的作用就越突出。所以他们认为，城市扩展是社会经济发展的自然结果，人类没有必要过多干涉控制，应该顺其自然地进行规划疏导。100 多年前，恩格斯在分析伦敦的发展时，对城市的集聚效应、规模效应就有精辟的论述，他认为："城市越大，搬到里面来就越有利，因为这里有铁路、有运河、有公路；可以挑选的熟练工人越来越多；由于建筑业中和机器制造业中的竞争，在这种一切都方便的地方开办新的企业……花费比较少的钱就行了；这里有顾客云集的市场和交易所，这里跟原料市场和成品销售市场有直接的联系。这就决定了大工厂城市惊人迅速地成长。"[①] 这段精辟的论述对于理解今天的城市扩展仍有指导意义。我国学者仲大军（2002）也有类似的观点，他认为，城市越大，各种资源利用越充分，集聚效应越高，文化文明程度越高，才有发明创造。Bruegmann（2005）所著的 *Sprawl: A Compact History*（《城市蔓延简史》）认为，城市扩展不是今天才有的现象，其在城市出现时就已存在。城市本身就是一部不断扩展的历史，所以不用对城市扩展大惊小怪。同时，Bruegmann 认为城市扩展是世界经济发展、人们生活富足的必然结果。城市不断向城郊扩展，增加了人们的居住、生活和工作用地，满足了人们不断增长的生活需求，其引发的问题完全可以自行修复。

---

① 中共中央马克思恩格斯列宁斯大林著作编译局：《马克思恩格斯全集》（第 2 卷），北京：人民出版社，1965 年版，第 300-301 页。

Randall（1999）认为城市不断向城郊扩展，为一些低收入家庭提供了低廉的住房选择，促进了社会公平。同时，居住区搬迁至郊区，促进了城市中心商业区的集中，有利于城市商业发展。另外，在居民进入郊区带来潜在的市场后，必然吸引投资者对郊区的商业的开发和对其他土地的高强度开发，从而提高土地利用效率，这样会促进区域经济发展与社会和谐。美国交通运输协作研究报告认为：城市扩展暂时缓解了城市中心的压力；在城市周边提供了更为廉价的住房；同时，城市扩展的建设带来了就业机会的增加（Burchell et al，2002）。西班牙学者 Munoz（2003）以地中海的城市为研究对象，发现城市扩展促进了安全监控防护产品的诞生，带来了保障隐私安全的居住生活模式。Richmond（1995）和 Brueckner（1983）认为城市扩展是市场经济作用的自发结果。一方面，居民的消费需求促进了房地产开发；另一方面，政府往往为了经济发展，乐意吸引新的开发项目。同时，农场主也在高地价的吸引下，乐意把农田卖给开发公司。顾朝林（1999）运用专家评分法得出中国城市的规模和效益之间存在很高的正相关关系，除环境效益不确定外，经济效益、社会效益都是规模大的城市具有优势。俞燕山（2000）则通过测算不同城市规模之间的经济效益指标，指出城市经济效益随着城市规模扩大而增大。欧阳婷萍（2003）利用社会经济统计数据分析了珠江三角洲的城市化水平增加和耕地面积减少之间的关系，认为城市化不是耕地面积减少的主要原因；城市化的发展可进一步促进城市对人口和经济的集聚效应，有利于提高土地利用的集约化程度，是解决我国现代化发展过程中人地矛盾的有效途径。伍江（2010）也有类似的观点，他认为，中小城市比大城市的土地浪费更加明显，大城市的地价比中小城市高，土地资源紧缺更加明显，促使大城市更加重视土地的集约利用。白春梅和黄涛珍（2005）认为环境污染并不是城市扩展的必然结果，随着人类的科技发展和管理水平提高是可以解决的。周一星和于艇（1988）认为中国城市病产生的主要根源是城市基础设施投资的比例自"一五"以后大幅度降低，长期保持缺口，满足不了需求增长。胡兆量（1986）以国内外的统计资料为依据，归纳出大城市超前发展是世界的普遍规律。蔡建峰（2008）研究湖南省常德市土地供给对经济发展的贡献，结果表明，全市土地供给对经济发展贡献率达 22.55%，土地成为资本之后的第二大生产要素。谈明洪和吕昌河（2003）把运用在城市人口规模上的位序－规模法则移植到城市用地上，分析了城市土地利用规模的变化规律。他们认为中国最大城市的实际规模比它们的理论规模小得多，所以中国大城市仍有可观的发展前景。仲大军（2002）也有类似的观点，他认为，北京目前根本算不上世界大城市，在世界上只是一个中等城市，北京今后的发展要继续向郊区扩大，至少扩展到六环或七环路那么大的范围，才能与世界当今的特大城市相比。杨钢桥（2004）认为城市规模扩大，不仅促进了城市本身功能的完善、经济实力的提高，而且带动了周边农村社会经济的发展。余庆年和赵登辉（2001）对我国各级城市规模合理性进行了比较，在对人均建设用地指标做评价后发现，与国际城市水平相比，中国特大城市的人均用地规模普遍偏小。虽然美国是高度城市化的国家，一些人认为，美国城市扩展正在消耗相当多的土地，但Bruegmann（2005）认为，美国城市（包括郊区）仅占国家土地的一小部分，作为乡村公园和野生动植物区的土地增长比城市土地要快，如图2.1所示。

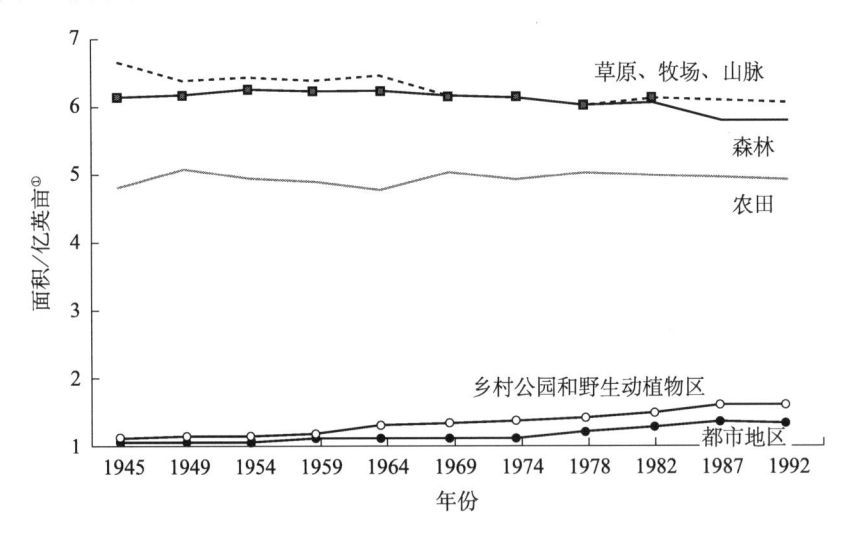

图2.1　美国1945～1992年的土地利用情况

资料来源：《城市蔓延简史》2009年版，第138页

上面列举了争论双方的一些主要研究结论，相关研究还有很多。总体上说，绝大部分学者都认为城市扩展既有正面效应也有负面效应，他们的观点并不存在绝对的对立，只是各有侧重。上述研究不乏建树，有一些东西值得

---

① 1英亩≈4046.86平方米。

肯定，有一些值得商榷。此外，国外的相关研究虽丰富，但对于国内来说，只能起到借鉴作用，毕竟我国有自己的特殊国情。例如，我国的城市扩展和美国的城市扩展就是明显不同的，国内诸多研究表明，我国并没有出现美国那样的城市中心弱化的现象，相反，中心城区很强势（李王鸣，1998；顾朝林等，2000；冯科，2010）。对于国外的经验，应着眼于具体做法背后包含的理性思辨和逻辑，以及前因后果，而不是具体做法本身。不同国家、不同的自然社会背景、不同的政治经济制度、不同的发展阶段，遇到的城市问题有所差异，不能完全采用相同的解决办法，要结合中国当时、当地的具体情况具体分析。

  虽然许多学者从多个角度、运用多种方法进行研究与探索，取得了许多研究成果，但是，在城市规模经济效应的研讨上，其视角往往是静态的，且在评价指标和方法上并未形成一致意见（赵小敏和王人潮，1997）。因此，一些学者在研究不同规模的城市与其经济效益的关系时，得出城市规模与城市经济效益间呈弱相关关系及很高的正相关关系两种截然不同的结论。在城市扩展的生态环境效应上，缺乏对城市扩展各阶段绿地和水体变化特征的研究。"城市病"要具体问题具体分析，不能笼统地把一切问题都归结为城市扩展造成的。比如，优良耕地的减少，这是必然产生的。有的问题可以通过科学技术的发展来解决，有的可以通过提高管理水平来解决。比如，环境污染，这是可以控制并加以改善的。此外，现在的城市规划越来越多地向园林城市和山水城市发展，绿地和水体占据了相当大的空间，一定程度上削弱了城市热岛效应。综上所述，当前学术界的研究主要集中在"城市病"上，而对城市扩展的正外部性研究不够。在现有城市扩展效应的研究中，往往是将建成区视为整体加以研究，缺乏对建成区内的生态环境格局变化的研究。城市扩展的效应是复杂的，既有正面效应，也有负面效应，是正面效应大还是负面效应大？这引起了很大的争议，莫衷一是。城市扩展中蕴含着丰富的辩证法，在技术分析的基础上，需要结合国情进行辩证分析，二者具有很大的互补性，二者的结合进一步提高了城市扩展效应研究的完整性和严密性。避免技术分析的局限性，才能深入剖析城市扩展效应，抓住主要矛盾，得出正确的结论，把握城市扩展的规律。

第3章
城市建成区扩展遥感监测

城市建成区扩展遥感监测对于遥感数据的获取时间要求不像进行土地利用遥感调查制图那么严格，因此在遥感影像的时相选择上具有较大选择余地。建成区具有相对的稳定性，并不随季节变化而变化，尽管会由于数据获取时外部条件的影响而在遥感图像上形成不同的光谱特征，但变化不大，特别是纹理特征并没有显著差异，对图像的判读分析作业影响很小。建设用地在不同季节得到的遥感影像上均与其他土地利用类型有明显的差异，特别是建成区颜色色调和纹理仍然明显区别于其他土地，始终保持建筑物所显示的灰黑色。因此，建成区轮廓很容易提取出来。

3.1 研究选用的遥感大数据

因为高分辨率的遥感影像，需要花费大量的资金来购买，所以对于发展中国家而言，免费的中等分辨率的影像是研究城市的理想选择。本书用来研究目标城市建成区扩展变化的中高空间分辨率遥感影像来自美国陆地卫星5号（Landsat 5）和美国陆地卫星7号（Landsat 7）。Landsat 5从1984年发射至今，其工作状态良好，几乎实现了连续获得地球的影像。它每16天扫描地球一次，即 16 天覆盖全球一次。TM 是 Landsat 5 携带的传感器。Landsat TM 影像包含 7 个波段，波段 1～5 和波段 7 的空间分辨率为 30 米，波段 6（热红外波段）的空间分辨率为 120 米。Landsat7 从 1999 年发射至今，仍然在运转，它也是每 16 天扫描地球一次。ETM+ 是 Landsat 7 携带的传感器。Landsat ETM+ 影像包含 8 个波段，波段 1～5 和波段 7 的空间分辨率为 30 米，波段 6 的空间分辨率为 60 米，波段 8 的空间分辨率为 15 米。本书中所用的数据分别是杭州市 1991 年、2005 年、2009 年的 Landsat TM 影像，2000 年 Landsat ETM+ 影像，合肥市 1990 年、2005 年、2009 年的 Landsat TM 影像，2000 年 Landsat ETM+ 影像，贵阳市 1993 年、2005 年、2009 年的 Landsat TM 影像，2001 年 Landsat ETM+ 影像。由于研究区 Landsat TM 影像在 2000 年附近的成像质量不高，故用 Landsat ETM+ 影像来代替。以上影像基本没有云层覆盖，成像质量较好，且均覆盖整个研究区，具体影像见图 3.1～图 3.3，详细参数见表 3.1。

表 3.1　研究中使用的遥感数据

城市	传感器	包含波段	轨道号	空间分辨率	获取时间
杭州市	Landsat5 TM	7	P119/R39	30米+120米（TIB）	2009-06-06
	Landsat5 TM	7	P119/R39	30米+120米（TIB）	2005-10-17
	Landsat7 ETM+	7	P119/R39	30米+60米（TIB）	2000-05-04
	Landsat5 TM	7	P119/R39	30米+120米（TIB）	1991-07-23
合肥市	Landsat5 TM	7	P121/R38	30米+120米（TIB）	2009-06-04
	Landsat5 TM	7	P121/R38	30米+120米（TIB）	2005-08-12
	Landsat7 ETM+	7	P121/R38	30米+60米（TIB）	2000-04-16
	Landsat5 TM	7	P121/R38	30米+120米（TIB）	1990-09-20
贵阳市	Landsat5 TM	7	P127/R42	30米+120米（TIB）	2009-11-05
	Landsat5 TM	7	P127/R42	30米+120米（TIB）	2005-10-09
	Landsat7 ETM+	7	P127/R42	30米+60米（TIB）	2001-11-23
	Landsat5 TM	7	P127/R42	30米+120米（TIB）	1993-12-27

注：TIB（thermal infrared band）为热红外波段，该波段主要用来反演地表温度

(a) 1991年7月23日TM影像　　(b) 2000年5月4日ETM+影像

(c) 2005年10月17日TM影像　　(d) 2009年6月6日TM影像

图 3.1　杭州市 Landsat 541 波段组合假彩色合成影像

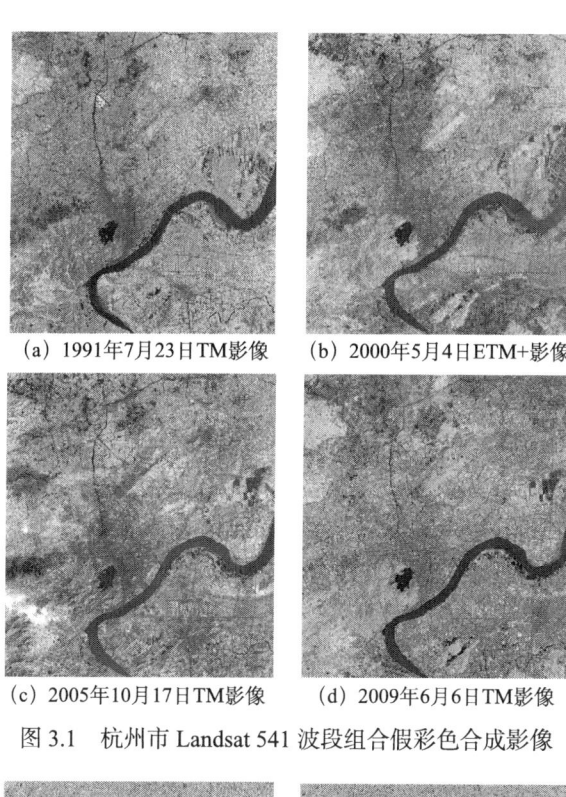

(a) 1990年9月20日TM影像　　(b) 2000年4月16日ETM+影像

(c) 2005年8月12日TM影像　　(d) 2009年6月4日TM影像

图 3.2　合肥市 Landsat 541 波段组合假彩色合成影像

(a) 1993年12月27日TM影像　(b) 2001年11月23日ETM+影像

(c) 2005年10月9日TM影像　(d) 2009年11月5日TM影像

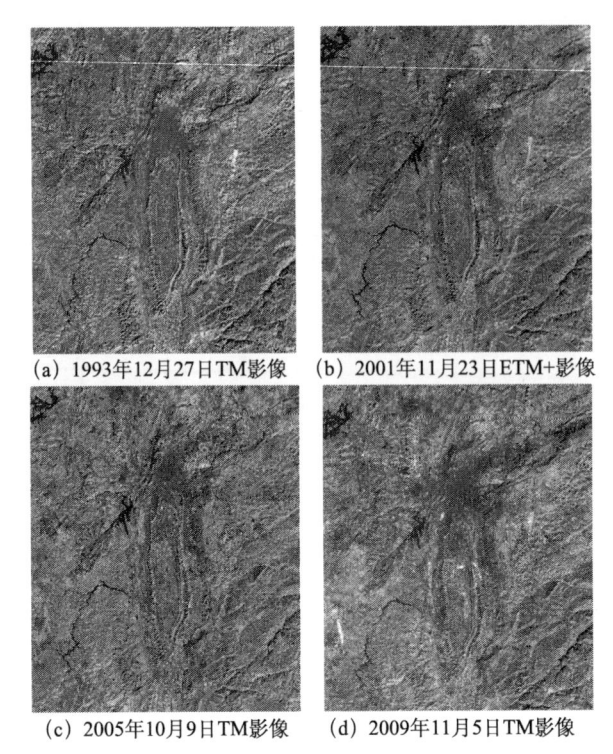

图 3.3　贵阳市 Landsat 541 波段组合假彩色合成影像

3.2　遥感大数据的预处理

在对遥感影像分类以前,需要对影像进行一定的预处理。预处理主要包括几何校正(消除或者降低影像的几何变形)、辐射校正(消除或者降低影像的辐射亮度失真)、影像增强(扩大感兴趣地物与其背景的差异)、影像镶嵌(将多幅影像拼接起来得到较大范围的影像)和投影转换(便于进行面积统计,以及对不同图层间的比较和叠加分析)(孙华生,2009)。目前大量研究表明,如果影像的分类样本选自该幅影像,那么在分类前就没有必要对该影像进行辐射校正。因此,本书中的遥感影像预处理步骤分别为几何校正、影像增强和影像裁剪。遥感数据的几何校正是生成遥感数据产品及将遥感数据用于进一步数据分析前重要的一步,校正效果将直接影响到影像地理参考的精度，进而影响到在许多遥感数据分析中都要涉及的地物能否精确定位的问题，因此，几何校正是遥感科研工作中基础的必不可少的工作之一。当遥感影像在几何位置上发生变化，产生诸如行列不均匀，像元大小与地面大小对应不准确，地物形状不规则变化等畸变时，即说明遥感影像发生了几何畸变。遥感影像的几何畸变又称几何变形，是指图像像元在图像中的坐标与其在地图坐标系等参考系统中的坐标之间的差异。遥感影像的几何校正就是要校正成像过程中所造成的各种几何变形。几何校正分为几何粗校正和几何精校正。几何粗校正是根据卫星运行轨道公式，计算出不同时间卫星位置、姿态、轨道及扫描特征来确定每条扫描线上的像元坐标，利用公式和取得的辅助参数进行的校正，又称为系统校正。在几何粗校正时需要传感器的校正数据、卫星运行姿态、传感器的位置等参数。经过几何粗校正之后的遥感影像还存在着随机误差和某些未知的系统误差，这就需要进行几何精校正。几何精校正是指在几何粗校正的基础上，使图像的几何位置符合某种地理坐标系统，与地图配准，并调整亮度值，即利用地面控制点做的精密校正。我们从卫星数据中心得到的遥感影像已经经过了几何粗校正，而仅仅经过几何粗校正的遥感影像不能消除所有畸变，无法满足研究的需求。为了满足研究要求，需要对影像进行几何精校正。几何精校正的主要方法是多项式法，方法原理是通过若干控制点，建立不同图像间的多项式空间变换和像元插值计算，实现遥感影像与实际地图间的配准，达到消减遥感影像的几何畸变的目的。

多项式几何精校正机理实现的两个步骤如下：

（1）图像坐标的空间变换。有几何畸变的遥感图像与没有几何畸变的遥感图像，其对应的像元的坐标是不一样的，图3.4右边为无几何畸变的遥感影像像元分布图，像元是均匀且等距的分布；左边为有几何畸变的遥感影像像元的分布图，像元是非均匀且不等距的分布。为了在有几何畸变的图像上获取无几何畸变的像元坐标，需要进行两图像坐标系统的空间变换。

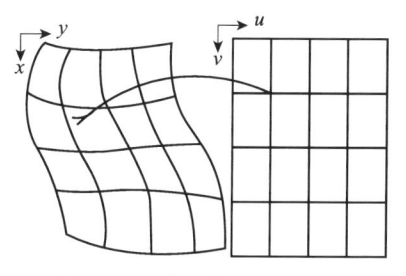

图3.4 图像几何校正示意图

在数学方法上，对于不同二维笛卡儿坐标系间的空间变换，通常采用的是二元n次多项式，表达式如下

$$\begin{cases} x = \sum_{i=0}^{n} \sum_{j=0}^{n-1} a_{ij} u_i v_i \\ y = \sum_{i=0}^{n} \sum_{j=0}^{n-1} b_{ij} u_i v_i \end{cases} \quad (3.1)$$

式（3.1）中，x、y 为变换前图像坐标，u、v 为变换后图像坐标，a_{ij}、b_{ij} 为多项式系数，$n = 1，2，3，\cdots$。二元 n 次多项式将不同坐标系统下的对应点坐标联系起来，$(x，y)$ 和 $(u，v)$ 分别对应不同坐标系统中的像元坐标。这是一种多项式数字模拟坐标变换的方法，一旦有了该多项式，就可以从一个坐标系统推算出另一个坐标系统中的对应点坐标。如何获取和建立二元 n 次多项式，即二元 n 次多项式系数中 a 和 b 的求解，是几何校正成败的关键。数学上有一套完善的计算方法，核心是通过已知若干存在于不同图像上的同名点坐标，建立求解 n 次多项式系数的方程组，采用最小二乘法，得出二元 n 次多项式系数。不同的二元 n 次多项式，反映了几何畸变的遥感图像与无几何畸变的遥感图像间的像元坐标的对应关系，其中哪种多项式是最佳的空间变换模拟式，能达到图像间坐标的完全配准，是需要考虑和分析的。在二元 n 次多项式数字模拟中，从提高几何校正精度的角度考虑，需要兼顾的因素主要有引起几何畸变的原因和产生数学运算误差的因素。归纳起来有三个方面的考虑因素：一是多项式中 n 值的选择，n 值与几何畸变的复杂程度密切相关。当 $n=1$，上述的坐标空间变换成为二元一次多项式，可以进行线性的坐标变换，解决比例尺、中心移动、歪斜等方面的几何畸变，适用于第二级别以上的遥感数据。选择的 n 值不同，可以得到不同的空间变换式，当 $n \geqslant 2$，上述的坐标空间变换成为二元非线性多项式，用于解决遥感器偏航、俯仰、滚动等因素引起的几何畸变。从理论上讲，n 值越大，越能校正复杂的几何畸变，但计算量也相对要大。实际应用中 n 值通常取小于等于 3。二是地面控制点（ground control point，GCP）（用于空间坐标变换的同名坐标点）的选择，GCP 的几何精度直接影响着多项式系数的求解误差大小。本书的做法是：以各研究区的地形图为参考，选取道路或水体的拐角、道路交叉口、河流交汇处等容易识别的标志作为 GCP，且 GCP 分布在全图中要尽量均匀，特征变化性大的地区多选些 GCP，图像边缘部分要选一些 GCP，使系数的求解尽可能准确。校正结果的好坏取决于 GCP 的采集。GCP 精度的衡量尺度为 RMS（root mean square）参数，意为均方根，以图像像素大小为单位，表达式为

$$\text{RMS}=\sqrt{(x-x')^2+(y-y')^2} \tag{3.2}$$

式中，x、y 为无几何畸变的图像 GCP 坐标，x'、y' 为变换后的图像 GCP 坐标。在 ENVI 等遥感软件中，对于一次线性变换，当采集到 4 个以上 GCP 时，软件系统就会自动推算 GCP 的变换值和 RMS，可以很好地辅助 GCP 的编辑。在实际应用中需要引起注意的是：随着 GCP 数目的增减，多项式系数值在变化，每个 GCP 的 RMS 也在变化。当 RMS 值都小于等于 1 时，GCP 的精度控制在一个像素大小上，几何校正效果较好。三是 GCP 数目的确定，从数学运算上来说，一次多项式变换，存在 6 个系数要计算，需要 GCP 的最少数目是 3。二次多项式变换有 12 个系数需要计算，GCP 最少数目是 6。n 次多项式 GCP 的最小数目为 $(n+1)(n+2)/2$。但在实际应用中，采用最小 GCP 数目，几何校正效果往往不好。所以在条件允许的条件下，GCP 数目要远远大于最小数目，可以是其 6 倍。

（2）图像像元灰度值重采样经过上述图像像元坐标的空间变换，得到对应于实际地面或无几何畸变的图像坐标，图像上每个像元都有了无几何畸变的坐标值。随后需要做的是给每个像元赋亮度值。因为已知的图像数据是有几何畸变的像元亮度值，并没有校正后的无几何畸变的像元亮度值。所以需要通过数学上的重采样方法，如最近邻法、双向线性内插法和三次卷积内插法等计算出校正后像元位置的亮度值，形成无几何畸变的遥感数据。本书采用最邻近算法将不同地区多时期的遥感影像重采样到 30 米 ×30 米空间分辨率。几何精校正后的所有影像的坐标被统一到坐标系，3° 带投影。以上处理过程在 ENVI4.3 软件平台中进行。

几何精校正后，对影像进行直方图均衡化，增加图像的对比度，最后根据研究末期的行政区划范围对各期影像进行裁剪。由于本书所选用的不同时期遥感影像均能全部覆盖研究区，因此，只需要根据不同研究区的行政区划范围对遥感影像进行裁剪来获取研究对象。

3.3 城市建成区范围和地表覆盖遥感大数据的提取

本书首先利用遥感数据进行建成区范围的提取，然后再针对建成区范围，开展地表覆盖信息的提取，详细技术路线见图3.5。

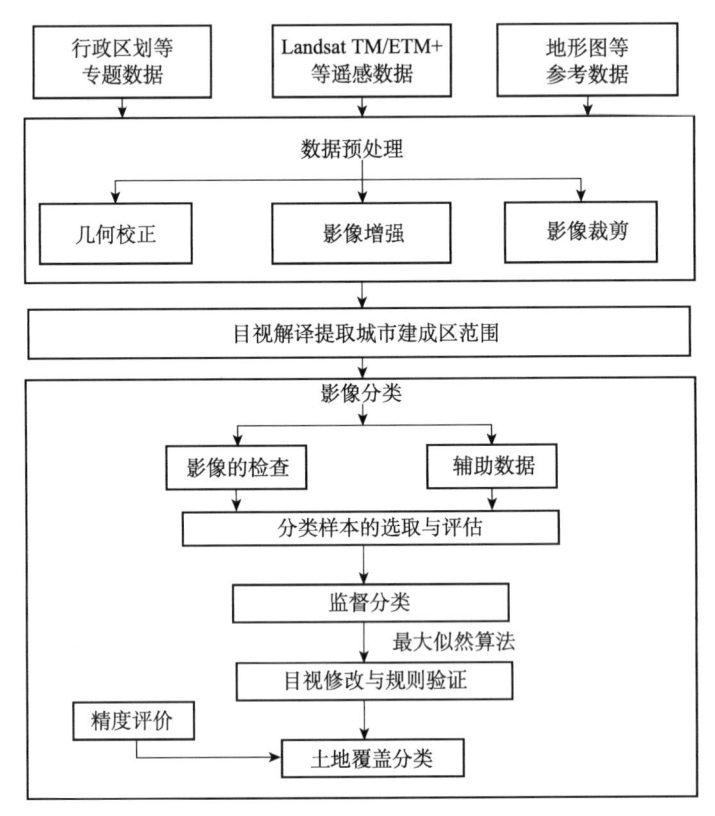

图 3.5 遥感数据提取流程图

3.3.1 城市建成区范围提取

1. 城市建成区遥感数据提取方法

从土地利用角度而言，城市扩展主要表现为建成区面积的扩大和扩大过程中土地利用类型的变化，这是城市扩展监测的核心。选择合适的扩展信息提取方法是准确、可靠地进行城市建成区扩展遥感监测工作的关键，它一方面取决于使用的数据源及其质量，另一方面取决于遥感信息提取的目的。

目前，城市建成区扩展范围遥感监测的方法主要分为三大类：目视解译法、分类前变化检测和分类后比较检测。目视解译法是最早的、最基本的、最成熟的遥感解译方法。分类前变化检测是通过对不同时间同一位置像元的光谱差异进行直接分析，从而判断地表覆盖是否发生变化的方法，该方法对于数据本身和数据处理过程要求较高（刘勇，2008）。分类后比较检测首先是对不同时相遥感影像分别进行分类，然后对结果进行比较分析来获取城市建成区扩展变化信息。虽然该方法可以避免由于不同时间或不同传感器获取影像的差别产生的监测误差（邓劲松，2007），但是，由于建成区内不光有建设用地，还有绿地和水体，仍然需要目视解译才能精确提取城市建成区的范围。目视解译能综合利用地物的色调、形状、大小、阴影、纹理、图案、位置和布局等影像特征知识，以及有关地物的专家知识，并结合其他非遥感数据资源进行综合分析和逻辑推理，从而能达到较高的信息提取的精度，尤其是在提取具有较强纹理结构特征的城市建成区时更是如此，与非遥感的传统方法相比，目视解译法具有明显的优势。虽然工作较烦琐，但由于加入了人的知识，其监测精度较高。因此，本书使用目视解译法来提取城市建成区范围。

2. 城市建成区提取

由于研究的针对性和研究对象的特殊性，为尽量减少主观性和不同地域光谱差异的干扰，为后续的遥感影像数据提取分类做好铺垫，本书采用人机交互的目视解译方式提取研究区的城市建成区范围。受遥感信息的自身特征、研究对象的复杂程度和目前的图像处理技术的限制，目前尚难以完全依靠图像自动分类技术来提取城市建成区，必须充分依靠专业分析人员对于多学科知识的综合分析能力来保证精度，同时依靠遥感与计算机技术来提高速度，同时满足城市建成区提取过程中的速度和精度两方面的需要。先用计算机进行图像增强，然后对该图像进行人工判读。这种保证了人和计算机的优点互相配合的人机交互分析法具有明显的优势：一是人机交互判读分析除了利用遥感信息外，还能够充分利用分析人员相关专业知识的综合能力，有利于提高判读精度，实际上兼顾了室内分析和实况验证的综合优势；二是通过减少中间环节，如清绘、转绘、量算、编码、计算等手工环节，提高专题数据获取的速度，同时减少了这些环节的操作误差对于定位精度和定量精度的影响；

三是 GIS 技术便于提高数据处理速度和综合分析能力，可以实现传统的作业方法无法实现的中间环节的分析和参数计算等；四是阶段数据和最终成果数据保持一致的投影和坐标系统，具有明确的地理位置，保证了时序分析的一致性和协调性；五是实现了图像、图形、属性的一体化处理，提高了成果的可检查性和可更新性，避免了各种不合理调整的可能。

根据 TM 和 ETM+ 遥感影像波段组合分析，TM541 是提取城市建成区的最佳波段组合方式，这个组合所包含的信息量最大。假彩色合成影像 TM541 有利于地物类型的目视识别。城市建成区的光谱特性是建筑物和建筑物之间空地的综合反映，利用 Google Earth 的高分辨率影像，结合土地利用现状图等非遥感信息，解译判定地表覆盖类型状况，再结合影像上的对应点进行判读，分析不同类型的光谱特征，进而建立包括色调、灰度、斑块形状和纹理特征等在内的地表覆盖类型影像解译标志。高密度城市建成区在该假彩色合成影像上表现为蓝紫色的块状、斑状或线状，低密度城市建成区表现为紫红色的不规则的小块状，绿地表现为黄绿色或深绿色的块状或斑状，水体表现为黑色、蓝黑色或蓝色的块状或线状。建成区典型地物类型的 TM/ETM+ 波段 541 组合的地物目视解译标志如表 3.2 所示。

表 3.2 城市建成区典型地物类型的 TM/ETM+ 波段 541 组合的目视解译标志

地物类型	影像特征	说明	解译标志图像
水体	黑色、蓝黑色、蓝色；块状、线状	湖泊、河水等	
高密度城市建成区	蓝紫色；块状、斑状、线状	城市CBD、道路等	
低密度城市建成区	紫红色；不规则的小块状	郊区低层建筑等	
绿地	黄绿色、深绿色；块状、斑状	草地、地表绿色植被、树林等	

以合肥市为例，建成区内包含建设用地、绿地和水体。合肥市城市建成区在该假彩色影像上呈蓝灰色调，显示出特殊的内部结构和排列格式。水体呈现出深色调，在影像上可识别出由银河和包河围绕的安徽省话剧院、安徽省博物馆等。合肥城市建成区内的荷塘地、黑池坝、雨花塘等水体也清晰可见。对影像进一步判读，还可以看出，杏花、逍遥津、包公园等公园的林地均呈现绿色。目视解译利用遥感影像提供的这些纹理信息特征，以第1章界定的遥感建成区概念为依据，在ArcGIS软件中，先完成1990年遥感影像的判读，并在ArcGIS软件环境下建立图形数据的空间拓扑关系，得到1990年的建成区Coverage，在1990年Coverage的基础上，对比2000年建成区变化部分直接勾绘动态变化部分，重建拓扑，形成2000年建成区Coverage，同理制得2005年和2009年Coverage，最终建立各期城市建成区空间属性数据库，并制图表示建成区范围分布，如图3.6所示。

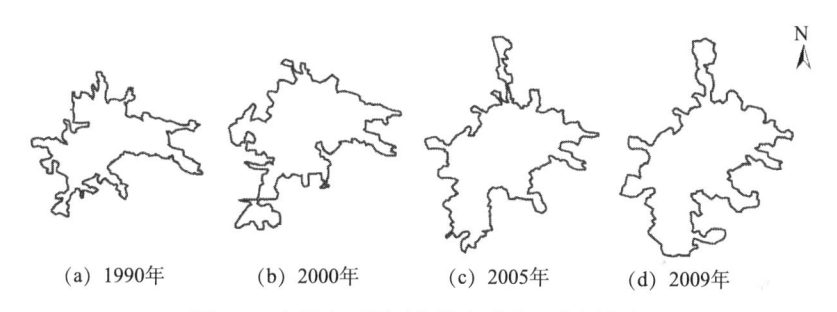

(a) 1990年　　(b) 2000年　　(c) 2005年　　(d) 2009年

图3.6　合肥市不同时期城市建成区范围分布

3.3.2　城市建成区地表覆盖遥感大数据提取

1. 提取方法

随着计算机技术的发展，越来越多的遥感数据提取方法被应用于地表覆盖分类研究中（Yeh and Li，2001；Lu et al.，2004；Huang et al.，2009）。监督分类法是目前遥感数据提取中算法较为成熟、应用最为广泛的方法之一（赵英时，2003）。它是以建立统计识别函数为理论基础，利用典型样本训练各个像元并进行分类的技术，是在影像中选择合适的训练区，通过特征变量的选取，确定特征参数作为判别规则，进而建立判别函数对各未知类别影像像元进行分类识别提取的一种方法。其算法有最大似然法、最小距离法、平行六面体法、特征曲线窗口法等。本书中采用监督分类法中最为经典的一种算法——最大似然法来对建成区的地表覆盖分类提取。在信息提取时，该算法需要采用统计学方法建立起一个判别函数集，然后根据这个判别函数集计算各未知像元的归属概率（常庆瑞等，2004）

$$P(k|x)=P(k)\times P(k|x)/\sum P(i)\times P(x|i) \qquad (3.3)$$

式中，$P(k|x)$ 为归属概率，x 为待分像元，$P(x|k)$ 是从类别 k 中观测到 x 的条件概率，$P(k)$ 为类别 k 的先验概率，可以通过训练区来确定。另外，式（3.3）中的分母部分与类别无关，在类别间进行比较时可以忽略。

本书中地表覆盖数据提取的具体方法：首先，利用 ENVI 软件选择和确定感兴趣区（Regions of interest，ROIs）。在目视基础上，通过手动选择的方法，在影像上绘制出感兴趣区，可以选择用点、线、多边形等各种方式，采用不同的颜色进行绘制。其次是训练样本数据集合的评估。这是判定感兴趣区能否用来作为训练样本的定量方法，然后才能对遥感影像作进一步分类。主要采用 ENVI 中的"计算感兴趣区可分离性"算法来计算，计算的结果值在 [0,2]，数值的高低表示所选感兴趣区之间可分离性的好坏：大于 1.9 说明所选感兴趣区可分离性良好；如果值偏低，则应当重新考虑选取的方法；如果接近或者小于 1，则考虑将它们合并为一个感兴趣区。这里以 2005 年的合肥市 TM 影像为例，所选的 120 个样本的计算值均大于 1.9，因此其样本间的可分离性较好，有利于影像的分类处理。为提高遥感数据分类提取精度，加入辅助信息参与分类，借助 Google Earth 的高分辨率影像，首先利用监督分类的最大似然法对 2005 年合肥市的影像进行分类处理。由于同物异谱和异物同谱现象的存在，分类后仍存在部分错分问题，并且类别超过两类时较难修改，对每一个影像的初步分类结果分别提取为单独的分类文件，通过目视解译分别进行修改，然后再合并修改后的文件，主要修改类型为城市内部错分的绿地。重复上述步骤，直到分类精度达到要求，得到 2005 年合肥市城区地表覆盖分类结果。对其他年份的分类方法与上述步骤类似。

2. 分类系统的确定

地表覆盖分类系统的确定需要根据科学性、适用性、系统性和遥感手段可检测性的原则，考虑光谱的差异性和不同研究区的实际情况，参照以往的 TM 和 ETM+ 分类的相关研究成果，并根据本书的需要将建成区地表覆盖类别分为绿地、水体、建设用地三类（表 3.3）。

表 3.3 地表覆盖类别

地表覆盖类别	说明
绿地	指建成区内地表覆盖绿色植物的一切用地
水体	指建成区内地表覆盖水体的一切用地
建设用地	指建成区内除了绿地和水体之外的一切用地

3. 分类精度评价

常规的分类精度评价方法通常是选一组已知地面实况的参考像元作为检验区，然后把分类结果与这组参考像元比较得到分类精度。但是，在实际工作中，检验区通常是有限的，而且本书中所用的是多时相遥感影像，很难找到与之匹配的历史数据。因此，本书中把经最大似然法计算出的不同时期遥感影像分类结果与其同期目视解译的结果和 Google Earth 上的高分辨率影像进行对比检验。具体做法是，利用 GIS 平台，从不同时期影像的研究区中随机选取 100 个左右的验证点，结合地形图和高空间分辨率影像等数据，检验 100 个随机验证点的实际地表覆盖类型，与分类结果进行比对，以合肥市城区为例，总体精度和 Kappa 系数分别均在 80% 以上和 0.7 以上（表 3.4），该分类精度已满足分类的最小精度要求（Lucas et al., 1994）。

表 3.4 遥感数据分类精度评价

年份	总体精度/%	Kappa系数
1990	80.16	0.761
2000	83.13	0.802
2005	81.85	0.783
2009	85.09	0.811

基于上述遥感信息分类提取技术获取城市建成区地表覆盖分类的原理和步骤，本书将该方法应用于其余的杭州和贵阳城市遥感影像数据的分类，来获取不同时期上述城市建成区地表覆盖分类。

3.4 城市建成区监测结果与分析

根据研究区遥感影像的监测时相，大致按三个监测时段进行分析，即20世纪90年代、2000～2005年和2005～2009年。研究区三个城市的建成区面积在1985年时相差不多（表1.1）。为了方便比较，参照刘盛和等（2000）的研究方法，根据年均扩展速度的高低把建成区扩展的差异分为四种类型：高速扩展（≥17平方千米/年），快速扩展（8～17平方千米/年），中速扩展（5～8平方千米/年），缓慢扩展（0～5平方千米/年）。下面分别对三个目标城市展开研究。

3.4.1 杭州城市建成区扩展遥感监测

利用ENVI、ArcGIS软件数字化1991年、2000年、2005年、2009年四个时相的遥感影像（图3.1），计算得到杭州城市建成区面积，结果如表3.5和图3.7所示。1991～2009年，杭州市的建成区扩展迅速，由1991年7月23日的93.82平方千米增加到2009年6月6日的416.13平方千米，共增加了322.31平方千米，增加了3.44倍，时间跨度17.87年，平均每年扩展约18.04平方千米。

表3.5 1991～2009年杭州建成区面积情况

时期	1991-07-23	2000-05-04	2005-10-17	2009-06-06
建成区面积/平方千米	93.82	186.67	327.24	416.13
人均建成区面积/（平方米/人）	65.99	101.13	133.26	145.95
人均建设用地面积/（平方米/人）	64.41	99.01	130.80	143.97

注：为和《城市用地分类与规划建设用地标准》（GBJ137-90）衔接，此处建设用地为建成区内除水域外的所有用地

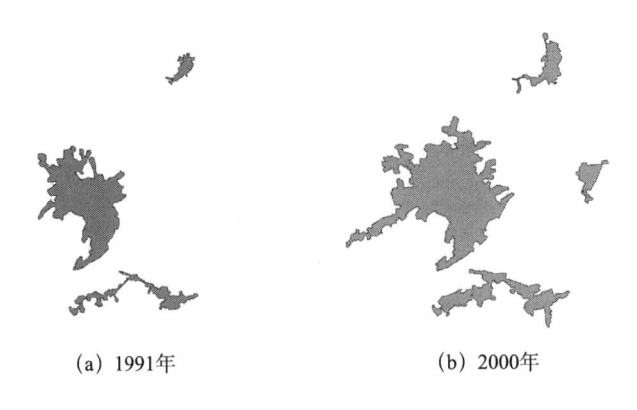

(a) 1991年　　　　　　　　　　(b) 2000年

(c) 2005年　　　　　　　　　(d) 2009年

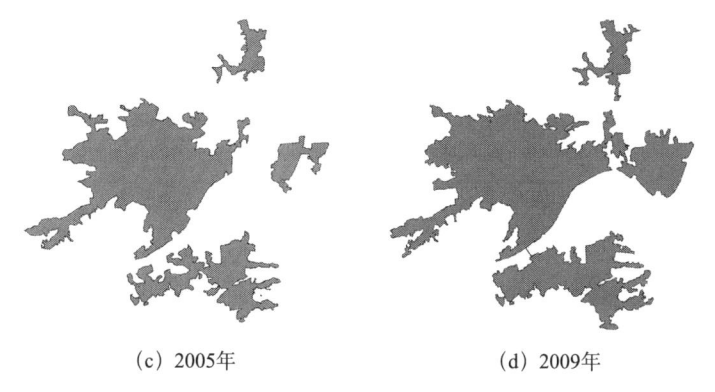

图 3.7　1991～2009 年杭州市四个时相建成区图

1. 杭州城市建成区扩展的时空变化

从图 3.8 可以看出，杭州市建成区由于西南方向的西湖和西部的西溪湿地公园等旅游风景点受到特殊保护，这两个方向扩展不明显。1993 年，随着

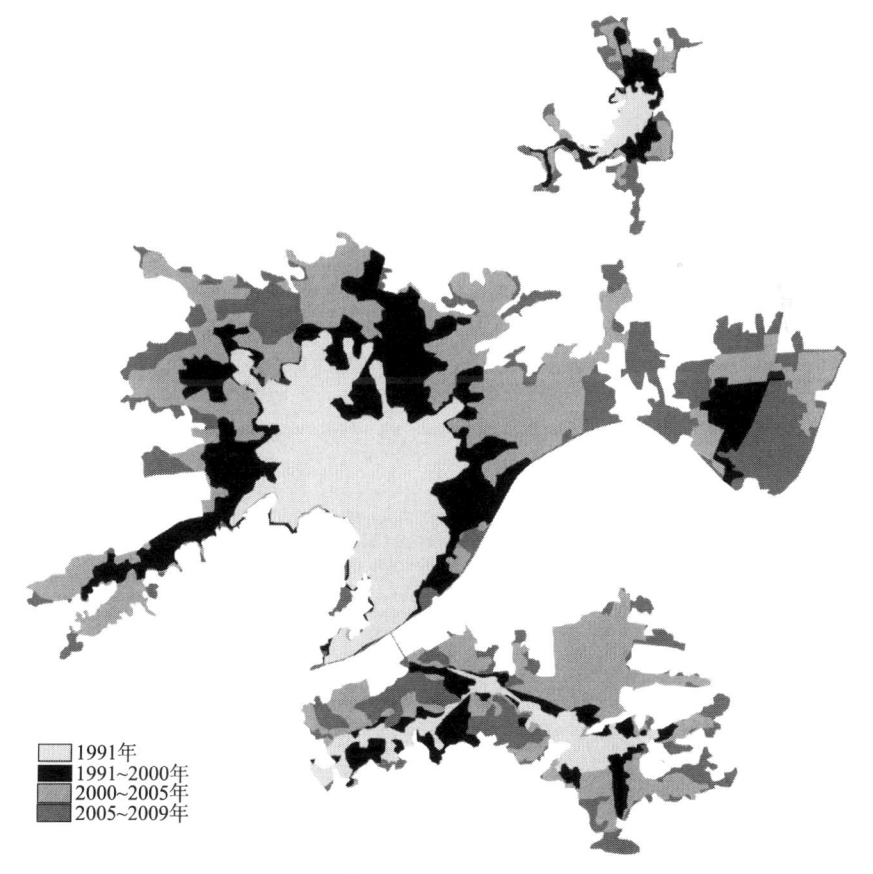

图 3.8　杭州市建成区 1991～2009 年扩展过程图

下沙经济技术开发区在杭州主城区东部建立，杭州的城市建成区在此后向东部拓展比较显著。从图3.8中可以看到，2009年前，杭州主城区与下沙经济技术开发区之间尚存在很大的间隔，但到2009年时，杭州主城区已经与下沙经济技术开发区融为一体。2001年前，杭州市南部由于钱塘江的影响，建成区向南部扩展也不明显。2001年后，随着萧山撤市建区，杭州城市建成区格局从"西湖时代"全面进入"钱塘江时代"，实现城市建成区沿江开发、跨江发展战略，南部的滨江区和东南部的萧山区扩展较为显著。2001年，随着东北方向的余杭撤市建区，杭州城市建成区在2005年后向东北部拓展也较为明显，从图3.8中可以看到，2005~2009年，杭州主城区与余杭区建成区的间隔显著缩小。

从表3.6可以看出，在三个监测时段中，杭州建成区扩展总体上呈现快速增长、高速增长和高速增长的阶段性特征。虽然杭州建成区年均扩展速度和年均增长率均呈现两头低中间高的特点，但在年均扩展速度上，第三时段显著高于第一时段，是第一时段的2.31倍，而在建成区年均增长率上，第三时段则比第一时段低。

表3.6 杭州市1991~2009年城市建成区扩展变化

年份	扩展面积/平方千米	年均扩展速度/（千米^2/年）	扩展增长快慢/（千米^2/年）	建成区年均增长率/%	非农业人口年均增长率/%	城市扩展系数
1991~2000	92.85	10.58	快速增长（8~17）	8.16	3.02	2.70
2000~2005	140.57	25.77	高速增长（≥17）	10.84	5.37	2.02
2005~2009	88.89	24.45	高速增长（≥17）	6.83	4.19	1.63

第一时段，快速增长阶段。20世纪90年代，杭州城市建成区年均扩展速度为10.58千米^2/年。虽然建成区年均增长率很高，达到了8.16%，但由于建成区面积基数不高，导致年均扩展速度只有10.58千米^2/年。这一时期快速增长的原因：宏观层面上，由于世界产业的转移，中国迎来了工业化的良机，中国的城市化是全球化的一部分，作为世界人口最多的国家，当中国加入全球化的经济分工，成为世界工厂时，中国的城市化就获得了前所未有的巨大动力。同时，国家的发展重心转移到了城市，掀起了城市建设的热潮，乡镇企业开始向开发区、工业区集中。特别是邓小平同志南方谈话之后，随着1992年土地有偿使用、土地批租的推行，城市用地使用权出让和转让的一、

二级市场开始逐步形成和发育起来，大量的资金投入城市，从而使城市建设得以以空前规模展开。微观层面上，杭州处于对外开放的前沿地带，且与中国最大的商业城市上海相邻，思想意识较为先进。1992年5月，杭州市委在"六届十次全体（扩大）会议"上提出了"呼应浦东开发，实行全面开放，强化改革力度，坚持城乡一体，实现跳跃发展"的目标，加快了杭州城市化进程，促进了建成区快速扩展。1993年，杭州在主城区东面成立了下沙经济技术开发区。1996年，在主城区南面钱塘江对岸的萧山市几个镇的基础上，新成立滨江高新技术产业开发区，其建立带动了杭州建成区的大规模建设。城市扩展系数为2.70，说明此阶段杭州城市建成区增长远超非农业人口增长，以外延式扩展为主要特征。

第二时段，高速增长阶段。2000～2005年，杭州建成区年均扩展速度增加到25.77千米^2/年，这一时段建成区年均扩展速度为第一时段的2.44倍，这是一个"跳跃式"的加速扩展阶段。建成区年均增长率增加到10.84%，年均增长率为第一时段的1.33倍。扩展速度和增长率双双达到了顶峰。原因如下：宏观层面上，2000年10月，《中共中央关于制定国民经济和社会发展第十个五年计划的建议》中指出，要不失时机推进城镇化战略，把城市化提升到国家发展战略的层面，这有力地促进了建成区的扩展；微观层面上，1999年浙江省开始在全省范围内实行经营性用地一律招标拍卖制度，同年，杭州制定了《关于加快杭州城市化发展的若干意见》，进一步促进了杭州城市发展。此外，2000年杭州的城市化水平达到36.52%（表3.7），根据诺瑟姆的理论，城市化水平处于30%～70%，城市化呈加快发展的趋势，城市建成区作为城市化的空间表现形式，相应地快速扩展，以满足城市人口的生产生活需要。2001年，撤销萧山市和余杭市，设立萧山区和余杭区，行政区划调整带动了杭州建成区迅猛扩展。城市扩展系数为2.02，说明此阶段杭州建成区增长显著超过了非农业人口增长，此阶段开始转向内涵式挖掘发展和外延式扩展共同进行的模式。

第三时段，持续高速增长、增速减缓阶段。2005～2009年，扩展保持高速增长的态势，杭州城市建成区年均扩展速度为24.45千米^2/年，是第一时段的2.31倍。年均增长率下降到6.83%，比第一时段低，增幅明显减缓，仅为第二时段0.63倍。和第二时段相比，年均扩展速度和年均增长率都有所下降。原因是：宏观层面上，2007年我国经济达到巅峰之后，受2008年世界经济危机的影响，我国经济开始有所回落；微观层面上，杭州经过前面阶段的持续快速扩展，到2009年，建成区总面积已经达到416.13平方千米，为1991年93.82平方千米的4.44倍，正趋于饱和。城市扩展系数为1.63，说明此阶段杭州建成区增长与非农业人口增长趋于协调发展，此阶段以内涵式挖掘填充发展为主要特征。

表3.7 1991～2009年杭州城市人口变化

年份	1991	2000	2005	2009
城市总人口/万人	578.73	621.58	660.45	677.64
总非农业人口/万人	171.25	227.00	297.54	340.76
城市化水平/%	29.59	36.52	45.05	50.29
建成区非农业人口/万人	142.17	184.58	245.56	285.11

注：城市总人口包括杭州行政区所辖的市、区、县的总人口，总非农业人口包括杭州行政区所辖的市、区、县的所有非农业人口；城市化水平＝非农业人口/城市总人口；建成区非农业人口包括上城区、下城区、江干区、拱墅区、西湖区、滨江区、余杭区和萧山区8区的非农业人口

资料来源：《浙江统计年鉴》

2. 杭州城市建成区地表覆盖变化

从表3.8可以看到，杭州虽然是旅游城市，但1991年建成区绿化覆盖率只有21.95%，人均绿地面积也仅有14.49平方米。2000年后，随着杭州市政府对建成区环境建设的重视，建成区环境建设取得了显著成效。如表3.8和图3.9～图3.12所示，随着建成区的逐年扩展，建成区内绿地不断增加，建成区的绿化覆盖率显著提高，从1991年的21.95%增长到2009年的43.39%，增幅达98%。人均绿地面积增加更突出，从1991年的14.49平方米增加到2009年的63.33平方米，增幅达337%。从图3.9～图3.12可以看出，在从延安路到武林广场之间的市中心区，绿化覆盖率比较低，这部分区域是杭州市的主要商业中心，楼宇密集，绿化用地较少，东部的下沙经济技术开发区，由于厂房林立，绿化用地也较少，绿化覆盖率较低。西北面、西面和西南面由于靠近西溪湿地公园、西湖和之江风景区，绿化覆盖率较高。南面的滨江区是新建的高新技术产业开发区，比较注重绿化建设，绿化覆盖率也较高，而东南面的萧山区和东北面的余杭区则因为是杭州市传统的工业区，绿化覆盖率相对较低。

从表3.8可以看出，杭州建成区的水体在不断增加，但水体占比呈现略微下降的趋势，人均水体面积在监测各时段差异不明显。这说明水体的自然属性，加上当前国家严厉的水源保护措施使得水体的变化幅度较小。从图

3.9~图 3.12 可以看出，随着建成区扩展，杭州建成区覆盖的两条主要河流京杭大运河和余杭塘河的面积也随着增加，水体总量从 1991 年的 2.24 平方千米增加到 2009 年的 5.66 平方千米，但水体比例减小，从 1991 年的 2.39% 减小到 2009 年的 1.36%，减幅为 76%；人均水体面积略有增加，从 1991 年的 1.58 平方米 增加到 2009 年的 1.98 平方米，增幅为 25%。

表 3.8　杭州市 1991～2009 年城市建成区地类变化

年份	绿地面积/平方千米	绿化覆盖率/%	人均绿地面积/（米²/人）	水体面积/平方千米	水体占比/%	人均水体面积/（米²/人）	建设用地面积/平方千米
1991	20.59	21.95	14.49	2.24	2.39	1.58	70.98
2000	50.23	26.91	27.21	3.92	2.10	2.12	132.52
2005	104.98	32.08	42.75	6.05	1.85	2.47	216.21
2009	180.56	43.39	63.33	5.66	1.36	1.98	229.91

注：人均绿地面积为建成区绿地面积与市辖区非农业人口比值，人均水体面积为建成区水体面积与市辖区非农业人口比值

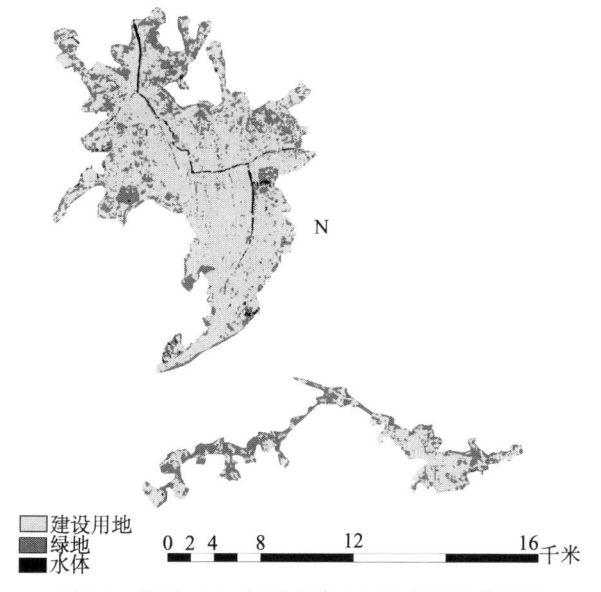

图 3.9　杭州 1991 年城市建成区地表覆盖分类图

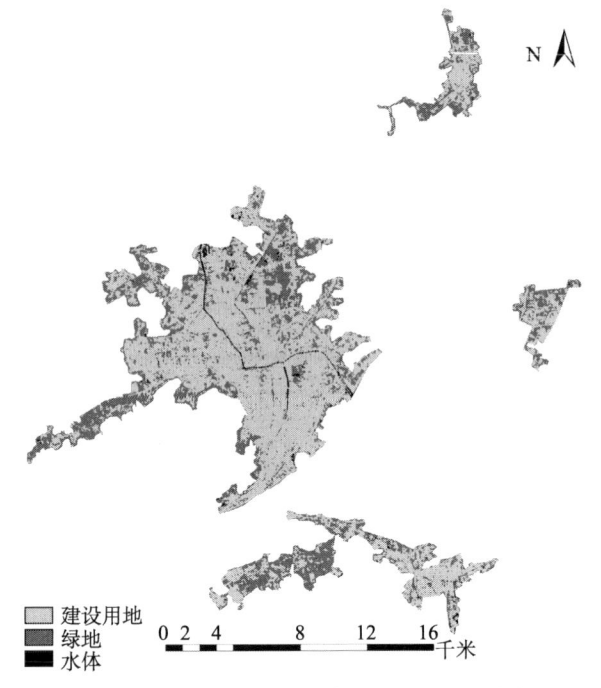

图 3.10　杭州 2000 年城市建成区地表覆盖分类图

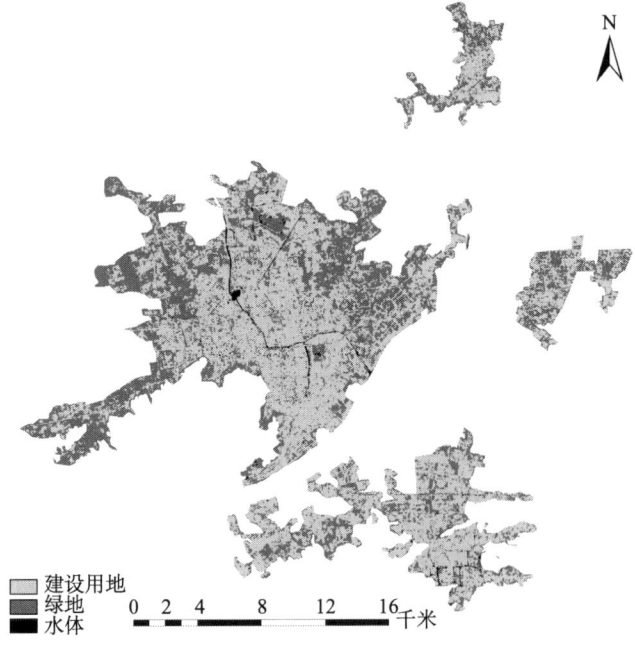

图 3.11　杭州 2005 年城市建成区地表覆盖分类图

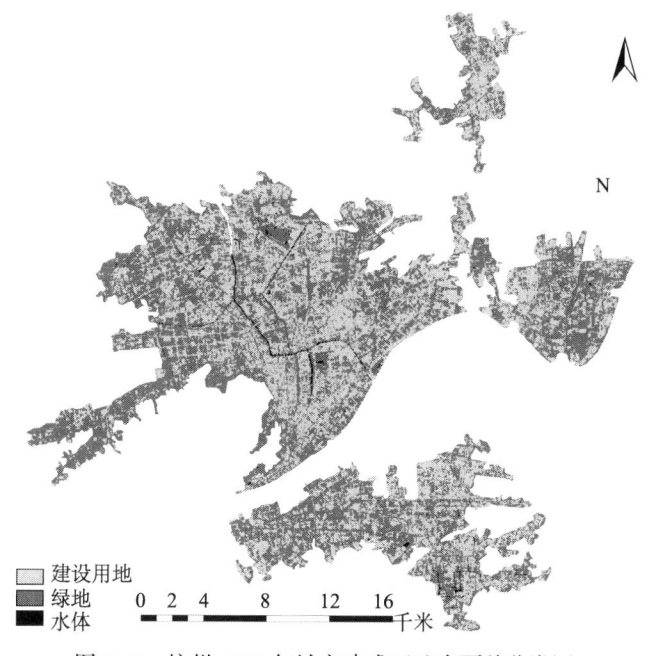

图 3.12　杭州 2009 年城市建成区地表覆盖分类图

3. 杭州城市建成区扩展协调性评价

从城市扩展系数来看，如表 3.6 所示，杭州建成区三个监测时段，城市扩展系数都显著大于 1.12，说明杭州建成区年均增长率远超过非农业人口增长率。第一时段，城市扩展系数为 2.70，说明建成区年均增长率远超过非农业人口增长率，此阶段杭州建成区以外延式扩展为主要特征。第二时段，城市扩展系数为 2.02，建成区年均增长率显著超过非农业人口增长率，此阶段开始转向内涵式挖掘发展和外延扩展共同进行的模式。第三时段，虽然建成区年均增长率超过非农业人口增长率，但城市扩展系数下降到 1.63，有趋近 1.12 的趋势。这表明杭州市在具备了相当的规模之后，进入了相对成熟期，此阶段杭州建成区以内涵式挖掘发展为主要特征。仅凭城市扩展系数大于 1.12 来判定城市扩展与人口增长是否协调有一定的局限性，应该再参考人均建设用地面积是否符合国家标准。

从人均建设用地上来说，从表 3.5 中可以看到，杭州市人均建设用地面积从 1991 年的 64.41 平方米增加到 2009 年的 143.97 平方米。对照《城市用地分类与规划建设用地标准》(GBJ137-90)，风景旅游城市，人均城市建设用地指标的上限为 150 平方米。杭州作为著名的风景旅游城市，人均城市建设用地没有超越城市规划的界限，符合国家城市规划的标准。

综合城市扩展系数和人均建设用地来看，三个监测时段中，杭州城市建成区扩展与社会经济发展总体上是协调的。前期扩展快是由于在1991年前，不重视城市建设，人均建设用地面积远低于国家标准，所以建成区必须加快扩展，为城市化发展做基础设施建设的铺垫。综合来看没有出现过度扩展的情况。不过，经过前两阶段城市建成区的外延式加速扩展后，在第三时段，杭州转向内涵式挖掘填充的模式，城市建成区扩展有趋于协调稳定的趋势。

3.4.2 合肥城市建成区扩展遥感监测

利用 ENVI、ArcGIS 软件和1990年、2000年、2005年、2009年四个时相的遥感影像（图3.2）提取合肥城市建成区面积，结果如表3.9和图3.13所示。1990~2009年，合肥市城市扩展迅速，由1990年9月20日的78.28平方千米扩展到2009年6月4日的275.46平方千米，共增加了197.18平方千米，约增加了2.52倍，时间跨度18.7年，平均每年扩展约10.54平方千米。

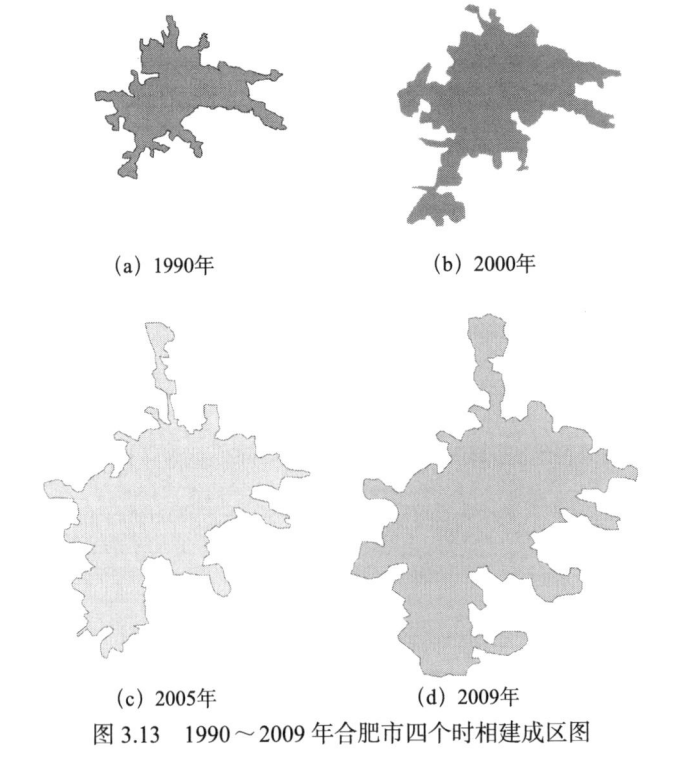

(a) 1990年　　　　　(b) 2000年

(c) 2005年　　　　　(d) 2009年

图3.13　1990~2009年合肥市四个时相建成区图

表 3.9　1990～2009 年合肥建成区面积情况

时期	1990-09-20	2000-04-16	2005-08-12	2009-06-04
建成区面积/平方千米	78.28	131.77	209.30	275.46
人均建成区面积/（米^2/人）	106.75	122.02	139.27	156.25
人均建设用地面积/（米^2/人）	103.53	119.08	136.22	153.96

注：为了和《城市用地分类与规划建设用地标准》（GBJ137-90）衔接，此处建设用地为建成区内除水域外的所有用地

1. 合肥城市建成区扩展的时空变化

合肥市建成区基本上在北、西、南三个方向均衡发展，西部向董铺水库延伸，抵达水库边。整体上呈现出沿西南和东北方向突出延伸且两侧均衡扩展的态势，1992 年，在合肥老城区西南部建立了国家级高新技术产业开发区，1993 年，在合肥老城区南部建立了国家级经济技术开发区，使得 2000 年后合肥市建成区向南部和西南部扩展比较显著。随着合肥老城区北部省级开发区——新站综合开发试验区的建立，以及 2002 年合肥市区划调整，将合肥市老城区东北部区位的肥东县管辖的磨店乡和龙岗镇的 8 个村、2 个居委会划归瑶海区，合肥市的建成区在 2005 年后向北部和东北部扩展比较显著（图 3.14）。

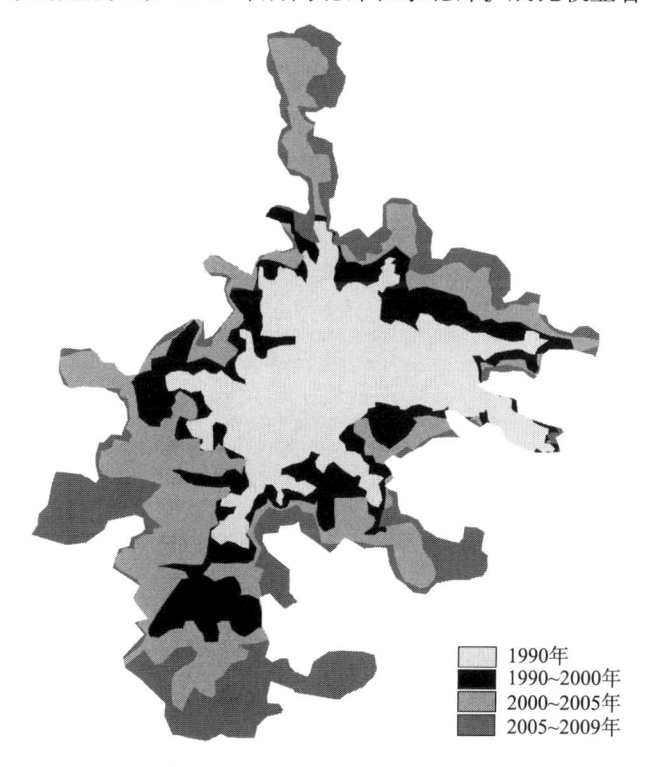

图 3.14　合肥市建成区 1990～2009 年扩展过程图

如表3.10所示，在三个监测时段中，合肥建成区扩展总体上呈现中速增长、快速增长和高速增长的阶段性特征。合肥建成区年均扩展速度呈现从低到高的走势，第二时段增长尤为突出，达到了第一时段的2.65倍。建成区年均增长率上，第二时段则只达到了第一时段的1.66倍，第三时段比第二时段增长率有所下降。

表3.10　合肥市1990～2009年城市建成区扩展变化分析

年份	扩展面积/平方千米	年均扩展速度/（千米²/年）	扩展增长快慢/（千米²/年）	建成区年均增长率/%	非农业人口年均增长率/%	城市扩展系数
1990～2000	52.89	5.53	中速增长（5～8）	5.54	4.08	1.36
2000～2005	78.13	14.68	快速增长（8～17）	9.17	6.50	1.41
2005～2009	66.16	17.36	高速增长（>17）	7.47	4.28	1.75

第一时段，中速扩展阶段。20世纪90年代，合肥城市建成区年均扩展速度只有5.53平方千米。建成区面积基数小，建成区年均增长率低，仅为5.54%。原因如下：虽然，宏观层面上，中国迎来了工业化的良机，国家的发展重心转移到了城市，掀起了城市建设的热潮。但是，微观层面上，合肥作为中部内陆城市，思想意识不够先进，不重视发展城市，城市没有得到快速发展。即使在1992年，在合肥老城区西南部建立了国家级高新技术产业开发区，城市建设也没有得到重视，城市建成区并没有很快增长。城市扩展系数为1.36，说明此阶段合肥城市建成区增长和非农业人口增长平稳协调发展，建成区没有得到显著扩展。

第二时段，快速扩展阶段。2000～2005年，合肥建成区年均扩展速度增加到14.68千米²/年。建成区呈"跳跃式"加速增长。这一阶段建成区年均增长率达到了顶峰，高达9.17%，为第一时段的1.66倍，年均扩展速度同比达到了2.65倍。宏观层面上，2000年10月，国家的"十五"计划把城市化提升到国家发展战略的层面，促进了城市发展。微观层面上，由于受到了杭州、上海等发达地区的经验启迪，合肥开始发挥后发优势，进入了快速扩展期。2000年，合肥的城市化水平达到了32.64%（表3.11），根据诺瑟姆的理论，处于30%～70%，城市化呈加快发展的趋势，城市建成区作为城市化的空间表现形式，相应地加速扩展。城市扩展系数为1.41，说明合肥城市建成区增长在此阶段较第一时段开始提速，有外延式扩展的趋势。

第三时段，高速扩展阶段。2005～2009年，合肥城市建成区年均扩展速度达到了17.36千米^2/年。这段时期通过"跳跃式"加速增长，建成区年均扩展速度达到了最高峰，为第二时段的1.18倍，是第一时段的3.14倍。年均增长率有所降低，降到了7.47%，只有第二时段的0.81倍，但仍为第一时段的1.35倍。原因是：宏观层面上，虽然受世界经济危机的影响，2008年我国经济开始有所回落，但是国家的"十一五"规划强调促进中部地区崛起，政策机遇给中部城市带来了发展空间。微观层面上，此时合肥的城市化水平为40.58%（表3.11），借鉴或采用杭州等发达城市成熟的发展模式，合肥建成区进入了高速发展期。城市扩展系数为1.75，说明此阶段合肥城市建成区增长显著超过非农业人口增长，建成区得到了显著扩展，呈现出外延式扩展的特征。

表3.11 1990～2009年合肥市城市人口变化

年份	1990	2000	2005	2009
城市总人口/万人	380.88	438.18	455.70	491.43
总非农业人口/万人	99.17	143.04	184.91	213.70
城市化水平/%	26.04	32.64	40.58	43.49
建成区非农业人口/万人	75.33	107.50	150.28	176.30

注：城市总人口包括合肥行政区所辖的市、区、县的总人口，总非农业人口包括合肥行政区所辖的市、区、县的所有非农业人口；城市化水平＝非农业人口/城市总人口；建成区非农业人口包括市辖区庐阳区、瑶海区、蜀山区和包河区四区的非农业人口

资料来源：《安徽统计年鉴》

2. 合肥城市建成区地表覆盖变化

如表3.12和图3.15～图3.18所示，随着合肥城市建成区的逐年扩展，建成区内绿地不断增加，建成区绿化覆盖率不断提高，从1990年的17.03%增长到2009年的34.30%，增幅达101.4%。人均绿地面积增加更显著，从1990年的18.18平方米增加到2009年的53.58平方米，增幅约195%。这显示了城市建设重视绿化环境，城市生态化的步伐明显加快。从图3.15～图3.18可看出，市中心的杏花、逍遥津、包公园等公园的绿地均保护得很好，但是除了这几大公园外，其他市中心由于是商业区，绿化覆盖率较低。西南角的高新技术产业开发区、南部的经济技术开发区和北部的新站综合开发试验区，比较注意绿化，绿化覆盖率较高，从图3.14可以看出，这些区域在1990年绿化覆盖率是比较低的，说明那个时候政府没有加强绿化建设，1993年后随着高新技术产业开发区、经济技术开发区和新站综合开发试验区的建设，绿化覆

盖率在显著增加。

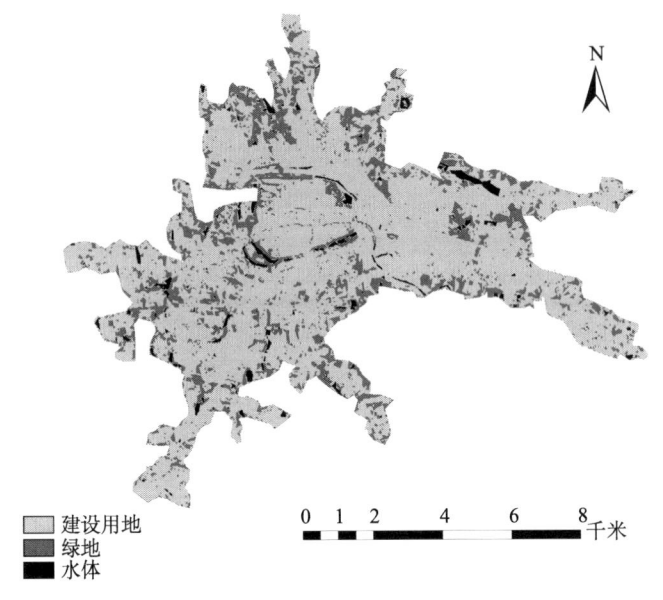

图 3.15　合肥市 1990 年城市建成区地表覆盖分类图

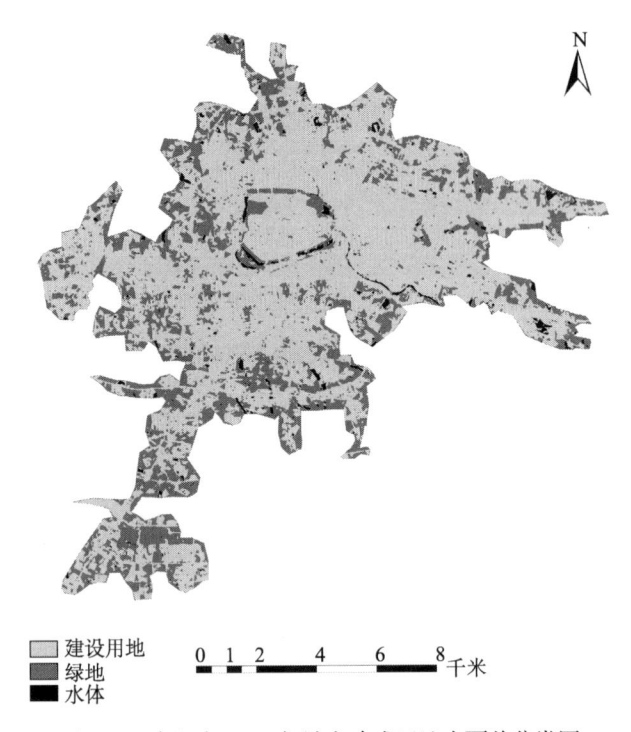

图 3.16　合肥市 2000 年城市建成区地表覆盖分类图

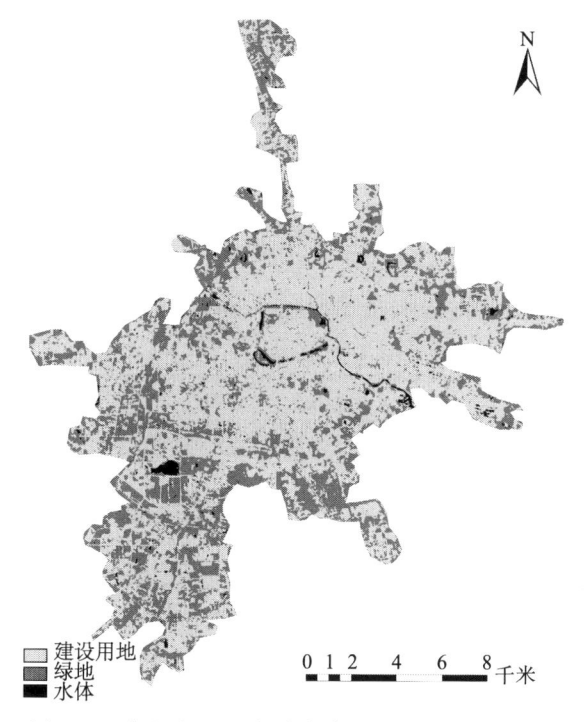

图 3.17 合肥市 2005 年城市建成区地表覆盖分类图

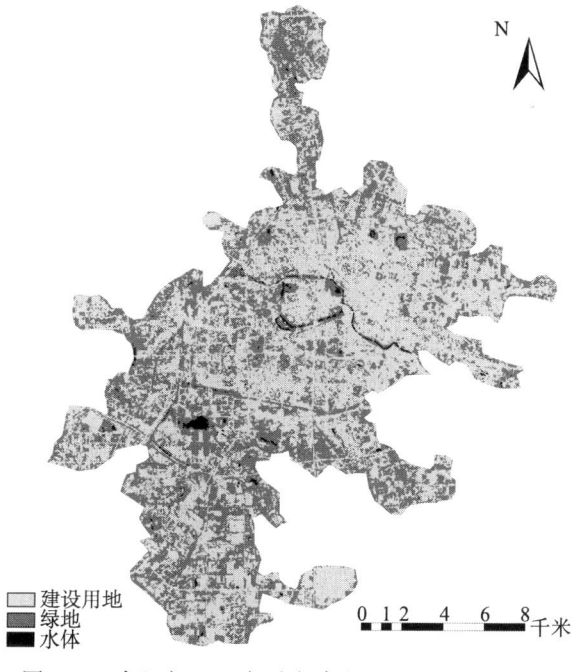

图 3.18 合肥市 2009 年城市建成区地表覆盖分类图

表 3.12　合肥市 1990～2009 年城市建成区地类变化

年份	绿地面积/平方千米	绿化覆盖率/%	人均绿地面积/(米²/人)	水体面积/平方千米	水体占比/%	人均水体面积/(米²/人)	建设用地面积/平方千米
1990	13.33	17.03	18.18	2.36	3.01	3.22	62.59
2000	31.74	24.20	29.53	3.16	2.41	2.94	96.27
2005	60.00	28.67	39.93	4.59	2.19	3.05	144.71
2009	94.47	34.30	53.58	4.03	1.46	2.29	176.96

从表 3.12 可以看出，合肥建成区内的水体面积在不断增加，但水体所占比例减少，人均水体面积也呈略微下降趋势。随着建成区扩展，水体面积总量从 1990 年的 2.36 平方千米增加到 2009 年的 4.03 平方千米，但水体所占比例减小，从 1990 年的 3.01% 减小到 2009 年的 1.46%，减幅约 52%；人均水体面积也略有减少，从 1990 年的 3.22 平方米减小到 2009 年的 2.29 平方米，减幅约 29%。从图 3.15～图 3.18 可以看出，合肥建成区覆盖的主要水体有南淝河、银河、包河、荷塘地、黑池坝、雨花塘等。

3. 合肥城市建成区扩展协调性评价

从城市扩展系数来看，如表 3.10 所示，各个监测时段的城市扩展系数都大于 1.12。其中前两个时段城市扩展系数较小，最后一个时段城市扩展系数较大。第一时段，城市扩展系数只有 1.36，接近 1.12，说明合肥建成区年均增长率超非农业人口增长率不多，合肥建成区基本呈均衡缓慢发展态势，合肥城市建成区扩展不显著。第二时段，城市扩展系数为 1.41，也接近 1.12，合肥城市建成区扩展超非农业人口增长也不多，建成区扩展基本上与非农业人口增长协调发展，但出现了建成区加速发展的态势。第三时段，城市扩展系数达到了 1.75，超过 1.12 较多，建成区年均增长率远超过非农业人口增长率。这表明此期合肥城市建成区扩展比较突出，以外延式扩展为主要特征。

从人均建设用地面积上来说，从表 3.9 中可以看到，合肥市人均建设用地面积从 1990 年的 103.53 平方米增加到 2009 年的 153.96 平方米。其中，合肥市 2005 年的人均建设用地面积 136.22 平方米和 2009 年的 153.96 平方米均超过了《城市用地分类与规划建设用地标准》（GBJ137-90）国家标准的上限 120 平方米，说明这两个时段合肥市流入人口增长跟不上城市发展，需要政府出台政策，加快人口流入，推进城市化的进度。

综合城市扩展系数和人均建设用地面积来看，前两个时段，合肥建成区扩展与非农业人口增长大体上协调发展，2005~2009年，合肥城市建成区扩展显著加快，城市非农业人口增长没有跟上建成区的扩展。考虑到合肥城市化处于加快的阶段，应加快城市产业发展，改善城市环境，吸引非农业人口流入，促进合肥城市建成区扩展与城市人口发展的协调。合肥作为安徽省区域中心的首位城市，到2009年时，其相对建成区面积不大，外延式扩展仍是合肥城市建成区发展的主要趋势。

3.4.3 贵阳城市建成区扩展遥感监测

利用 ENVI、ArcGIS 软件和1993年、2001年、2005年、2009年四个时相的遥感影像（图 3.3）提取贵阳城市建成区面积，结果如表 3.13 和图 3.19 所示。1993~2009年，贵阳市建成区扩展不突出，由1993年12月27日的 86.83 平方千米扩展到2009年11月5日的164.43平方千米，仅增加了77.60平方千米。时间跨度15.86年，平均每年扩展约4.89平方千米。

表 3.13　1993~2009 年贵阳市建成区面积情况

时间	1993-12-27	2001-11-23	2005-10-09	2009-11-05
建成区面积/平方千米	86.83	109.22	129.69	164.43
人均建成区面积/($米^2$/人)	86.22	81.49	87.87	103.75
人均建设用地面积/($米^2$/人)	84.82	80.37	86.15	102.39

注：为和《城市用地分类与规划建设用地标准》（GBJ137-90）衔接，此处建设用地为建成区内除水域外的所有用地

(a) 1993年　　　　　　　　　　(b) 2001年

(c) 2005年　　　　　　(d) 2009年

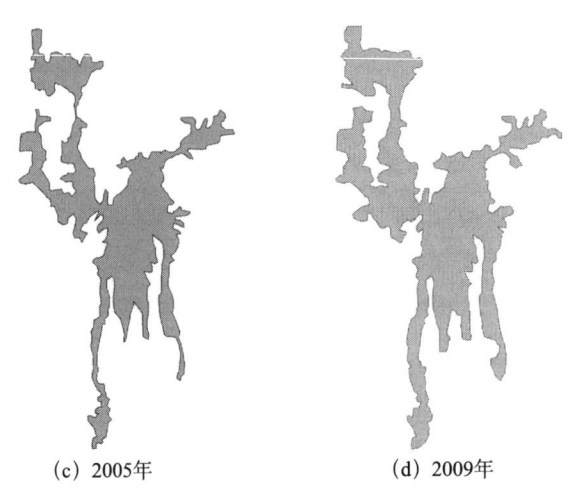

图 3.19　1993～2009 年贵阳市四个时相建成区图

1. 贵阳城市建成区扩展的时空变化

贵阳市由于受山地地形限制，建成区扩展受交通干线导向比较明显，呈现指状形式。总体上看，各个方位都有所扩展，但北部和西北部扩展尤为突出。原因是北部的新天科技工业园和西北部金阳科技产业园的开发建设加快，使这两个区域建成区面积发生较大变化，按照贵阳市的规划，这一片将成为贵阳市的新市区（图3.20）。

如表 3.14 所示，在三个监测时段中，贵阳市建成区扩展总体上呈现缓慢增长、中速增长和快速增长的阶段性特征。贵阳市建成区年均扩展速度和年均增长率均呈现从低到高的走势，且增长都比较平稳。

图例：
1993年
1993~2001年
2001~2005年
2005~2009年

图 3.20　贵阳市建成区 1993～2009 年扩展过程图

表 3.14　贵阳市 1993～2009 年城市建成区扩展变化分析

年份	扩展面积/平方千米	年均扩展速度/（千米²/年）	扩展增长快慢/（千米²/年）	建成区年均增长率/%	非农业人口年均增长率/%	城市扩展系数
1993～2001	22.39	2.83	缓慢增长（<5）	2.94	3.68	0.80
2001～2005	20.47	5.28	中速增长（5~8）	4.53	2.52	1.80
2005～2009	34.74	8.53	快速增长（8~17）	6.00	1.76	3.40

第一时段，缓慢扩展阶段。1993～2001年，贵阳城市建成区年均扩展速度只有2.83千米²/年。建成区面积基数低，建成区年均增长率只有2.94%。原因如下：虽然宏观层面上，我国发展重心转移到了城市，沿海城市进入了工业化，掀起了城市建设的热潮，但是微观层面上，贵阳作为西部内陆城市，思想意识和经济发展极为落后，城市发展明显滞后，虽然在1992年和1993年分别建立了国家级的高新技术产业开发区和经济技术开发区，但因为地理因素的影响和思想意识的落后，贵阳吸引企业安家落户的能力不强，城市建设没有得到重视，城市建成区扩展缓慢。此阶段城市扩展系数为0.80，说明建成区增长没有跟上城市非农业人口增长，城市扩展不足，城市显得比较拥挤。

第二时段，中速扩展阶段。2001～2005年，贵阳建成区年均扩展速度增加到5.28千米²/年，年均增长率也增到4.53%，均达到了第一时段的1.5倍以上。宏观层面上，2000年10月，国家的"十五"计划把西部大开发提升到国家发展战略的层面。微观层面上，2001年，贵阳的城市化水平达到了45.88%（表3.15），借鉴发达地区的城市经营理念，重视城市发展，后发优势初步显现，城市扩展开始加速。此阶段城市扩展系数为1.80，说明建成区增长显著超过城市非农业人口增长，城市显示出外延式扩展的特征。

第三时段，快速扩展阶段。2005～2009年，贵阳城市建成区年均扩展速度提高到8.53平方千米。和第二时段相比，年均扩展速度和年均增长率都双双加速。年均增长率达到6.00%，为第二时段的1.32倍，为第一时段的2.04倍。建成区年均扩展速度为第二时段的1.62倍，是第一时段的3.01倍。原因是：虽然宏观层面上，受世界经济危机的影响，2008年我国经济开始有所回落，但微观层面上，西部开发政策和承接东部产业转移的机遇，给贵阳带来了很大的发展机会。而且，2005年贵阳的城市化水平为48.99%，处于城市化快速发展阶段，学习借鉴沿海城市的优良发展经验，后发优势得到充分体现，城市发展得到很大的动力，贵阳呈现跳跃式快速发展态势。此阶段城市扩展系数为 3.40，说明建成区增长远远超过城市非农业人口增长，城市呈现典型的外延式扩展特征。

表 3.15 1993～2009 年贵阳城市人口变化

年份	1993	2001	2005	2009
城市总人口/万人	293.61	341.29	350.66	367.09
总非农业人口/万人	125.22	156.58	171.79	183.08
城市化水平/%	42.65	45.88	48.99	49.87
市辖区非农业人口/万人	100.71	134.03	147.59	158.49

注：城市总人口包括贵阳行政区所辖的市、区、县的总人口，总非农业人口包括贵阳行政区所辖的市、区、县的所有非农业人口；城市化水平 = 非农业人口 / 城市总人口；建成区非农业人口包括市辖区南明区、云岩区、花溪区、乌当区、白云区和小河区六区的非农业人口

资料来源：《贵州统计年鉴》（1993、2001、2005、2009）

2. 贵阳城市建成区地表覆盖变化

如表 3.16 和图 3.21～图 3.24 所示，随着建成区的逐年扩展，贵阳市建成区内绿地不断增加，建成区的绿化覆盖率不断提高，从 1993 年的 19.93% 增长到 2009 年的 32.74%，增幅达 64% 多。人均绿地面积增加更显著，从 1993 年的 17.18 平方米增加到 2009 年的 33.97 平方米，增幅达 98%。这显示了贵阳城市建设越来越重视绿化，城市生态化的步伐明显加快。从图 3.21～图 3.24 可以看出，在从大十字到喷水池之间的市中心区，绿化覆盖率比较低，这部分区域是贵阳市的主要商业中心，楼宇密集，绿化用地较少。而南面的河滨公园绿化覆盖率较高，西北面金阳新区和

图 3.21 贵阳 1993 年城市建成区地表覆盖分类图

南面的小河区由于是新建的城区，比较重视绿化建设，绿化覆盖率也较高。南面的花溪区作为旅游区，绿化覆盖率比较高，而西北角的白云区作为全国最大的工业基地，绿化覆盖率相对较低。

从表 3.16 可以看出，贵阳市建成区的水体占比呈现略微下降的趋势，但人均水体面积在监测各时段差异不明显。从图 3.21～图 3.24 可以看出，随着建成区扩展，贵阳城市建成区覆盖的主要河流南明河的面积也随着增加。水体面积总量从 1993 年的 1.41 平方千米增加到 2009 年的 2.15 平方千米，但水体所占比例减小，从 1993 年的 1.62% 减小到 2009 年的 1.31%。

图 3.22　贵阳 2001 年城市建成区地表覆盖分类图

应指出的是，由于贵阳 1993 年的影像过境日期为 12 月 27 日，此时已经进入冬天，落叶树叶子基本掉光及草皮发黄，造成遥感植被数据偏小，这会使遥感监测出的绿地面积偏小。2001年的影像过境日期是11月23日，这时贵阳进入了深秋，落叶树叶子及草皮发黄，植被叶绿素活度下降快，遥感获得的植被信息不强，这也会造成遥感监测的绿地面积偏小。虽然这两个时期的绿化覆盖率偏低，没有充分反映贵阳当时的绿化成果全貌，但考虑到贵阳城区内绿化是常绿树种多、草皮不多的现实情况，这两个时期的绿化覆盖率仍基本反映了贵阳市的绿化情况。

表3.16 贵阳市1993～2009年城市建成区地类变化

年份	绿地面积/平方千米	绿化覆盖率/%	人均绿地面积/（米²/人）	水体面积/平方千米	水体占比/%	人均水体面积/（米²/人）	建设用地面积/平方千米
1993	17.31	19.93	17.18	1.41	1.62	1.40	68.12
2001	26.68	24.43	19.91	1.50	1.37	1.12	81.04
2005	36.49	28.14	24.73	2.54	1.96	1.72	90.65
2009	53.83	32.74	33.97	2.15	1.31	1.36	108.44

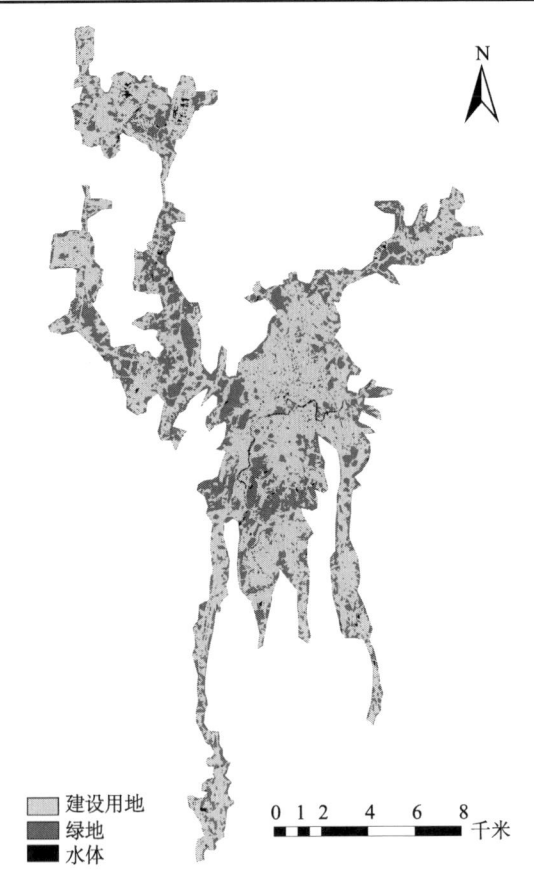

图3.23 贵阳2005年城市建成区地表覆盖分类图

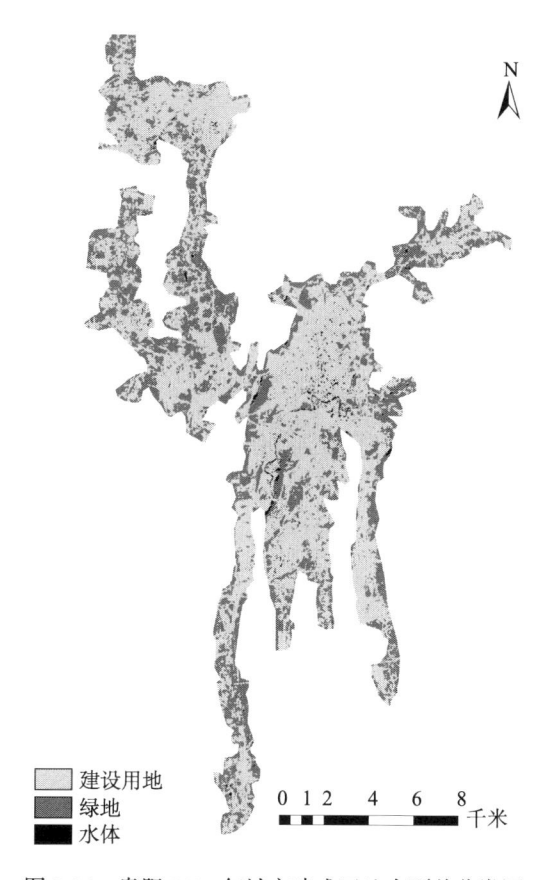

图 3.24　贵阳 2009 年城市建成区地表覆盖分类图

3. 贵阳城市建成区扩展协调性评价

从城市扩展系数来看，如表 3.14 所示，各个监测时段的城市扩展系数逐渐增大，其中第一时段城市扩展系数小于 1.12，后两个时段城市扩展系数较大。具体分析如下：第一时段，建成区年均增长率显著低于非农业人口增长率，城市扩展系数只有 0.80，城市扩展明显不足，城市建成区扩展显然跟不上城市非农业人口增长，城市显得拥挤，造成了 2001 年的人均建成区面积低于 1993 年的现象。第二时段，建成区年均增长率显著超过非农业人口增长率，城市扩展系数达到了 1.80。相对于快速的城市扩展，人口增加不多，城市扩展系数偏大，呈现外延式扩展的趋势。第三时段，建成区年均增长率远远超过非农业人口增长率，城市扩展系数达到了 3.40，呈现典型的外延式扩展特征。

从人均建设用地面积上来看，贵阳市人均建设用地面积从1993年的84.82平方米增加到2009年的102.39平方米（表3.13），均没有超过《城市用地分类与规划建设用地标准》（GBJ137-90）的国家标准。

综合城市扩展系数和人均城市用地面积来看，第一时段，贵阳城市建成区明显扩展不足；第二、第三时段，虽然城市扩展系数偏大，考虑到贵阳处于城市化加快的阶段，城市建成区面积偏小，建成区加快扩展是为城市化的快速发展作硬件基础设施建设的铺垫，所以扩展大体上也是协调的。贵阳作为贵州省区域首位中心城市，建成区面积远低于国家标准，还有很大的发展空间，外延式扩展将是贵阳建成区发展的主要趋势。

3.5 东中西部研究区城市建成区扩展比较

杭州、合肥和贵阳在建成区扩展过程中遵循了很多共同的规律，最突出的是他们在各自的扩展进程中出现的波动、渐进、飞跃等现象都是受当时中国政策变化和区域环境改变的影响，这一现象可以说是中国的城市扩展进程中的一个普遍规律。

3.5.1 东中西部研究区城市建成区扩展速度差异比较

（1）东中西部研究区城市建成区扩展持续加快，地区差异明显。从图3.25和表3.17可以看出，随着时间的推移，建成区面积逐渐扩展增大，从20世纪90年代开始，东中西部建成区扩展速度差异加大，东部的杭州城市建成区扩展最快，中部的合肥次之，西部的贵阳最慢。

杭州、合肥和贵阳三个城市建成区面积在1985年年底差别不大，建成区面积最大的杭州为最小的贵阳的1.15倍，相差8平方千米，但到2000年的杭州建成区遥感面积186.67平方千米就远超过了2001年西部贵阳的建成区面积109.22平方千米，前者是后者的1.7倍多，到2009年，杭州建成区面积已达到416.13平方千米，是西部贵阳164.43平方千米的2.53倍，二者已经相差

251.70平方千米。杭州作为东部经济发达的城市，思想意识领先，是改革开放的先导，得到的政策支持多，城市发展起步最早，城市扩展最快。合肥和贵阳处于经济欠发达的中西部省份，对外来人口吸引力弱，城市扩展就明显慢很多。合肥和杭州在1985年建成区面积基本一样，仅相差1平方千米，但到2005年时，杭州建成区面积已经是合肥的1.56倍，二者相差117.94平方千米。

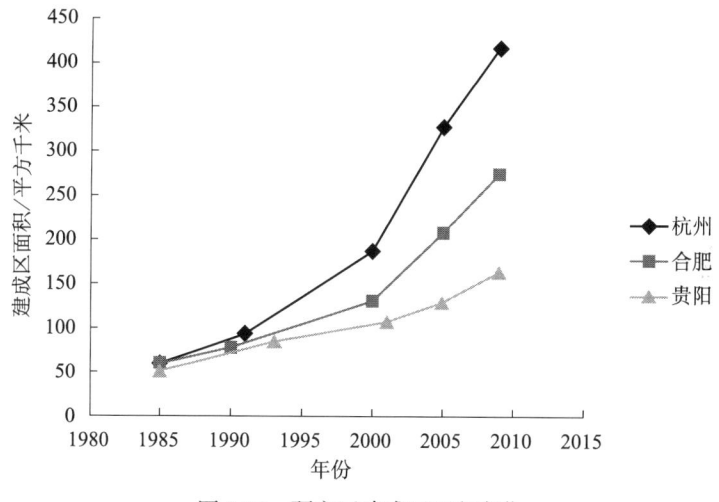

图3.25 研究区建成区面积变化

注：1985年建成区面积数据来源于《中国城市统计年鉴（1985）》，其他数据为遥感影像提取

表3.17 1985～2009年研究区建成区面积 （单位：平方千米）

年份	1985	1990	1991	1993	2000	2001	2005	2009
杭州	61		93.82		186.67		327.24	416.13
合肥	60	78.28			131.17		209.30	275.46
贵阳	53			86.83		109.22	129.69	164.43

注：1985年面积为统计面积，其他年份面积为遥感面积

从表3.18来看，在各个时段，无论是城市建成区年均扩展速度还是建成区年均增长率都是杭州最快，合肥次之，贵阳最慢。尤其是在第一时段，杭州建成区扩展最为突出，年均扩展速度是合肥的1.91倍，是贵阳的3.74倍。这说明，在同一时段内，东中西部研究区城市扩展速度存在着明显的地区差异。

表 3.18 研究区不同时期建成区扩展变化

城市	年份	扩展面积/平方千米	年均扩展速度/（千米²/年）	建成区年均增长率/%	非农业人口年均增长率/%	城市用地扩展系数
杭州	1991~2000	92.85	10.58	8.16	3.02	2.70
	2000~2005	140.57	25.77	10.84	5.37	2.02
	2005~2009	88.89	24.45	6.83	4.19	1.63
合肥	1990~2000	52.89	5.53	5.54	4.08	1.36
	2000~2005	78.13	14.68	9.17	6.50	1.41
	2005~2009	66.16	17.36	7.47	4.28	1.75
贵阳	1993~2001	22.39	2.83	2.94	3.68	0.80
	2001~2005	20.47	5.28	4.53	2.52	1.80
	2005~2009	34.74	8.53	6.00	1.76	3.40

（2）人均城市建成区面积呈增长趋势，但在各时段中合肥建成区面积最大，杭州增加最快。从图 3.26 和表 3.19 可以看出，人均建成区面积大体上呈现增长趋势，但在各时段上呈现区域性差异。20 世纪 90 年代中期以前，人均建成区面积是中部的合肥最大，西部的贵阳次之，东部的杭州最小，这是东部的杭州经济发达，涌入的人口较多，而城市发展没有跟上所致；20 世纪 90 年代中期以后，仍是中部的合肥最大，但东部杭州次之，西部贵阳最小，这时东部杭州建成区扩展加速，西部的贵阳扩展非常缓慢，中部合肥建成区扩展虽不快，但人口由于经济原因增加得不如东部多，合肥各个时期的人均城市建成区面积都最大，到 2009 年，达到 156.25 平方米。杭州人均城市建成区面积增加最快，2009 年增加到 1991 年的 2.21 倍，其中 2000~2005 年尤其显著，平均每年每人增加 6.43 平方米。人均建成区年均增长率达 4.54%；其次是合肥，年均增长率 2.06%；最低是贵阳，只有 1.17%（表 3.20）。总体上，三个市的人均建成区面积都呈增加趋势，但贵阳在 1993~2001 年略有下降，人均建成区面积从 1993 年的 86.22 平方米降到 2001 年的 81.49 平方米。

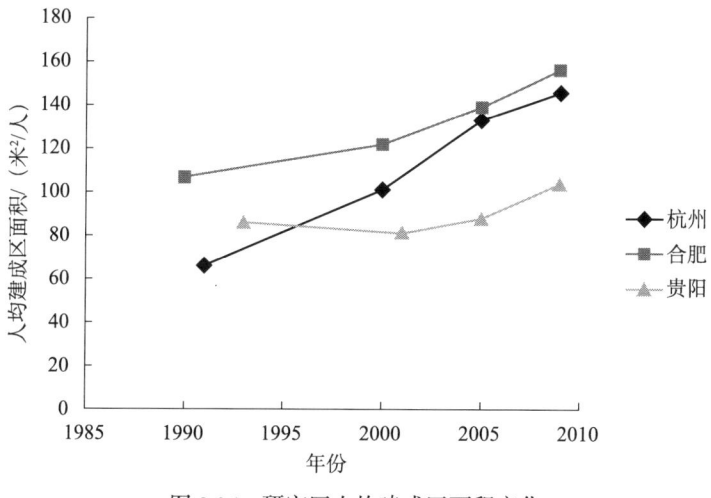

图 3.26 研究区人均建成区面积变化

表 3.19　1990～2009 年研究区人均建成区面积比较　　　（单位：米²/人）

年份	1990	1991	1993	2000	2001	2005	2009
杭州		65.99		101.13		133.26	145.95
合肥	106.75			122.02		139.27	156.25
贵阳			86.22		81.49	87.87	103.75

表 3.20　杭州、合肥和贵阳人均建成区面积年均增长率比较

地区	年份	年均增长率/%
杭州	1991～2009	4.54
合肥	1990～2009	2.06
贵阳	1993～2009	1.17

3.5.2　东中西部研究区城市建成区地表覆盖变化比较

1. 绿地变化比较

从图 3.27 可以看出，东中西部绿地面积都是随着城市建成区扩展不断增加，东部的杭州增加最多，中部的合肥次之，西部的贵阳最小。20 世纪 90 年代中期以前，三个城市建成区内绿地面积最大相差也仅为约 7 平方千米，但是在 2000～2009 年这个时段，东部的杭州绿地面积增长非常显著，到 2009 年时，东部的杭州绿地面积已达到 180.56 平方千米，比西部城市贵阳的 53.83 平方千米多了 126.73 平方千米，相当于其 3.35 倍多。

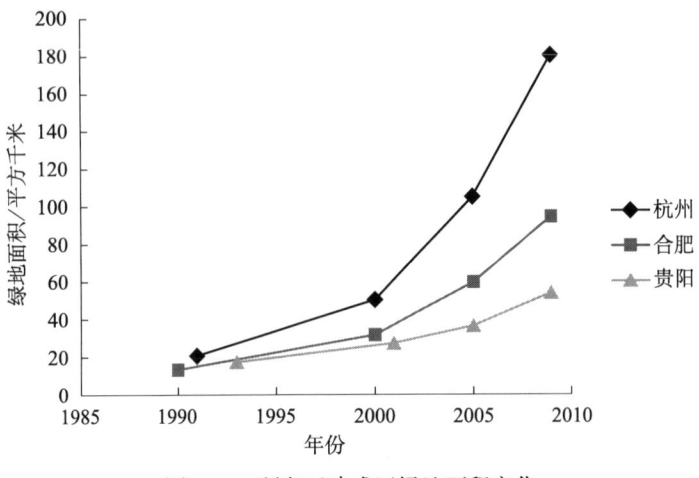

78 中国东中西部城市扩展比较——基于杭州、合肥和贵阳的遥感大数据

图 3.27 研究区建成区绿地面积变化

从图 3.28 可以看出，东中西部人均绿地面积随着城市扩展不断增加，但东部的杭州增加最快，中部的合肥次之，西部的贵阳最慢。在 1993 年之前，东中西部人均绿地面积相差不大，中部的合肥和西部的贵阳人均绿地面积超过东部的杭州。到 2005 年后，杭州的人均绿地面积完全超过了合肥和贵阳，说明东部的杭州比中西部更重视绿化环境建设。

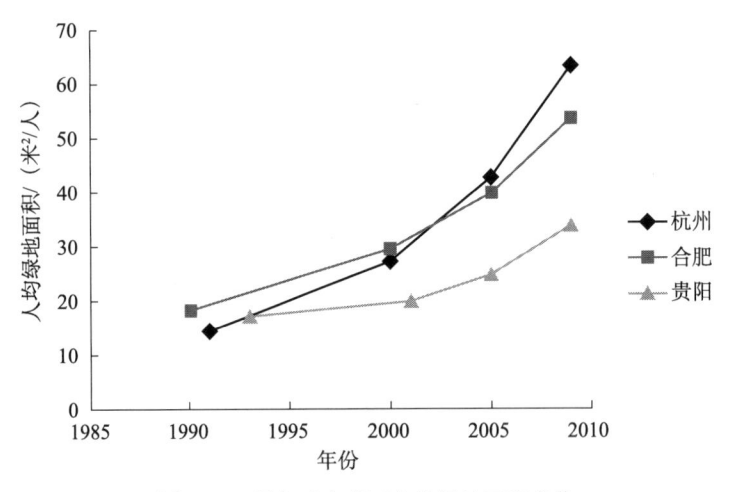

图 3.28 研究区建成区人均绿地面积变化

从图 3.29 可以看出，虽然东中西部建成区绿化覆盖率都随着城市扩展而稳步增长，但东部的杭州在各个时段的绿化覆盖率都明显高于中西部的合肥和贵阳，增长也是最快的，中西部的合肥和贵阳则差异不明显。

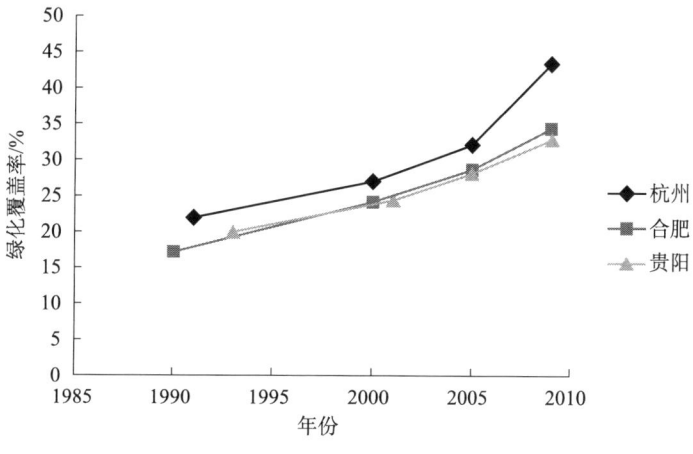

图 3.29 研究区建成区绿化覆盖率变化

2. 水体变化比较

从图 3.30 可以看出，杭州水体面积最大，合肥次之，贵阳最小，这是受各地区地理差异所致，杭州建成区内有京杭大运河、余杭塘河等多条河流，而贵阳只有南明河。总体上看，东中西部研究区随着城市扩展，水体面积都有所增加，这是研究区的三个城市建成区内都有河流穿城而过，建成区扩展沿着河流走向扩展的缘故。

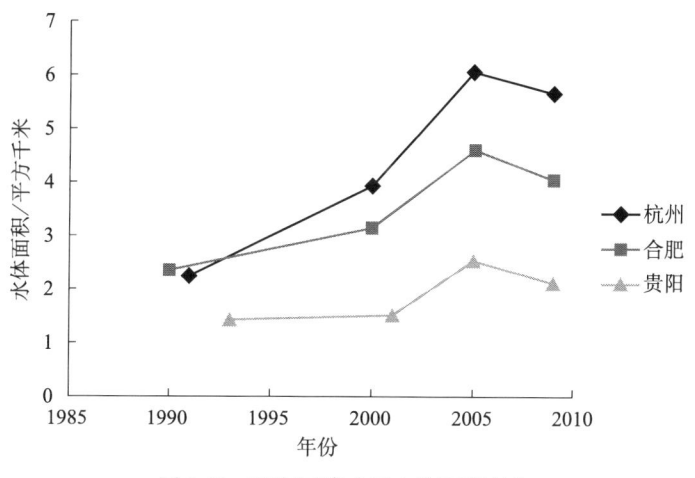

图 3.30 研究区建成区水体面积变化

从图 3.31 可以看出，东中西部研究区城市建成区人均水体面积呈现波动变化，大体上，合肥最高，杭州次之，贵阳最低，这是因为合肥水体较多较大，而杭州没有把钱塘江和西湖包括进建成区。就建成区人均水体面积总体来说，合肥呈现下降趋势，杭州在 1991～2005 年呈现上升趋势，但在 2005～2009 年出现下降，贵阳各时期呈平稳波动状态。

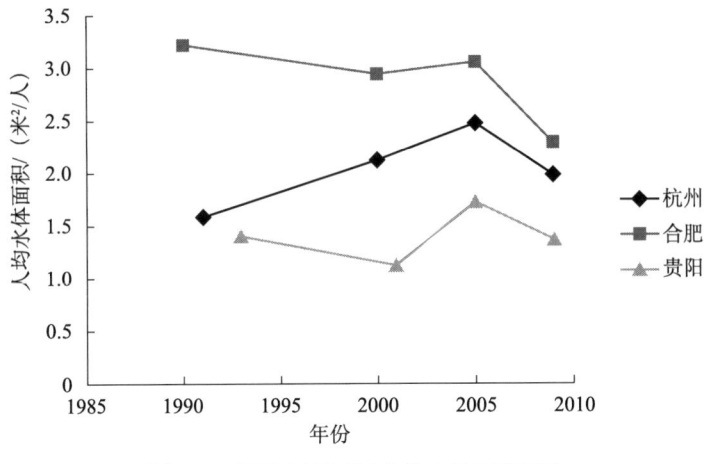

图 3.31　研究区建成区人均水体面积变化

从图 3.32 来看，大体上，东中西部研究区城市建成区水体比例都呈下降趋势，合肥最高，杭州次之，贵阳最低，合肥下降幅度最大，杭州次之，贵阳最小。到 2009 年时，三个城市建成区内的水体比例下降到基本差别不大。

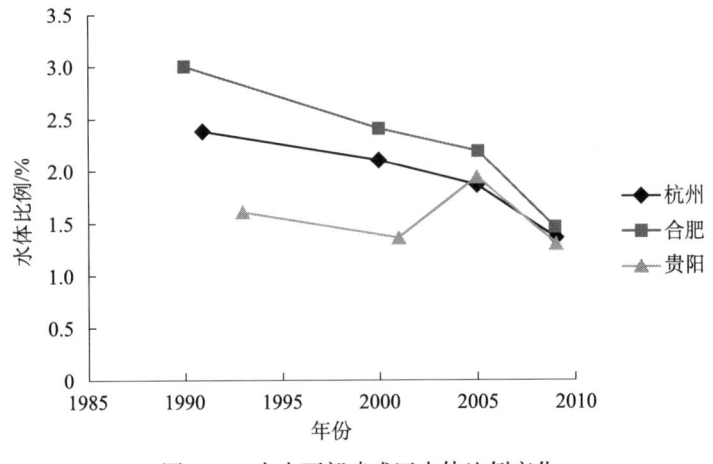

图 3.32　东中西部建成区水体比例变化

总体上看，随着建成区的扩展，各目标城市的绿化覆盖率均显著提高，人均绿地面积也明显增加，但东部的杭州增加得最显著，绿化覆盖率从 1991 年的 21.95% 提高到 2009 年的 43.39%，人均绿地面积增幅更大，从 1991 年的14.49平方米增加到2009年的63.33平方米，增幅达337%。东中西部城市建成区水体比例都呈下降趋势，而人均水体面积呈现波动变化状态。

3.5.3 研究区城市建成区扩展与城市人口增长协调性比较

按照一般的说法，城市用地扩展系数大于1.12，说明城市建成区的面积增长速度显著超过了城市人口的增长速度，从而得出城市扩展过快的结论。按照此观点，2005～2009年，杭州、合肥、贵阳城市用地扩展系数都远超过1.12，建成区内应该是人口日渐稀疏，为什么现实却是建成区内人口越来越拥挤呢？这一点可从以下几方面进行诠释。

第一，理论上，计算城市用地扩展系数的人口应该是在建成区内工作、生活的人口，但是这个数据无法得到，只能用相应的非农业人口代替。非农业人口数据来自《中国统计年鉴》，源于公安部门的户口登记，但是20世纪90年代以来，大量的农村人口涌入城市打工，都没有在公安部门登记，也无法被统计局统计。所用的非农业人口数据对真实在建成区内工作、生活的非农业人口来说偏小，所以城市用地扩展系数偏大。

第二，对发达国家的城市扩展进程进行简单梳理就会发现，城市空间并非逐步均衡地向外扩展，而是随着城市化发展的波动而变化，存在着加速期、减速期和稳定期三种变化状态。在经济飞速发展阶段，普遍存在城市用地增长大大超过城市人口增长的现象（表3.21）。

表3.21 美国1970～1990年部分城市的用地和人口增量数据

美国的城市化地区	1970年城市用地/平方英里[①]	1990年城市用地/平方英里	城市用地年均增长率/%	1970年城市人口/人	1990年城市人口/人	人口年均增长率/%	城市用地扩展系数
纽约	2 425.1	2 966.4	1.01	16 206 841	16 044 012	−0.05	
华盛顿	494.5	944.6	3.29	2 481 489	3 363 031	1.53	2.15
费城	751.8	1 164.2	2.21	4 021 066	4 222 211	0.24	9.05
明尼阿波利斯-圣保罗	721.4	1 063.0	1.96	1 704 423	2 079 676	1.00	1.96

资料来源：Kolankiewicz和Beck（2001）

---

① 1平方英里≈2.59平方千米。

从表3.21可以看出，美国城市纽约、华盛顿、费城和明尼阿波利斯-圣保罗在1970~1990年，城市用地增长显著超过城市人口增长，城市用地扩展系数远远大于1.12。其中，纽约虽然城市人口负增长，但城市用地仍然明显增长。这说明1970~1990年，这几个城市处在城市扩展加速期。这和人的生长发育道理一样。众所周知，一般人进入青春期后，会突然"抽条"，即纵向生长明显超过横向生长，就显得偏瘦。这不是偶然的、个别的现象，而是普遍性的规律。对于我国来说，长期以来，我国一直是农业国家，城市建设欠账较多，城市建成区面积基数不大，人均建成区面积偏小，街道狭窄，住房紧张，绿地空间和休闲娱乐空间少，人们有着改善生活、居住和娱乐环境条件的强烈需求，但由于种种原因，直到20世纪90年代，我国的城市扩展才开始进入加速期。因此，评价城市扩展的快慢除了看城市用地扩展系数外，还要看人均城市建设用地是否符合国家标准。

第三，城市里不光有人口的增长，还有车辆的增长。据中国汽车工业协会统计，中国（不含港澳台）仅2009年一年就增加了1300多万辆车，并以每年40%左右的增长率增长，这些增长的汽车主要在城市，需要占据大量的城市空间。城市用地扩展系数等于1.12为城市扩展协调的结论是基于中国城市规划设计院（1989）对1989年前我国几十年来城市化的研究。1989年前，我国汽车很少，私家车非常少见，也许当时的研究者没有料到后来的汽车业会发展得这样快，没有考虑到汽车需要占据大量的城市空间，这样得出来的合理值应该偏小。

第四，在城市化中，越是后发的国家，加速阶段的时间越短。美国城市化加速阶段大致用了70年，日本只用了40年（仇保兴，2004）。焦秀琦（1987）也有类似研究，他认为，凡是城市化开始较早的国家，城市化发展速度较慢，而城市化开始较晚的国家，城市化达到相同水平所用时间较短。我国的城市化起步较晚，属于后发国家，城市建设欠账较多，需要在较短的时间内完成城市化，城市扩展超前有利于城市化的加快。只要不浪费土地资源，那么城市的快速扩展一定程度上就是合理的。反过来，如果非农业人口增长率超过建成区面积增长率，出现的问题反而更多，也更严重，甚至可能出现印度的贫民窟现象——印度不重视城市发展，基础设施建设滞后，没有相应配套的居住生活设施，流动人口大量涌入，乱搭乱建，形成了很多贫民窟。

综上所述，城市建成区扩展是否合理或协调，不能简单地仅仅参考城市用地扩展系数，还要参考人均建成区面积，并综合考虑我国的国情。从表3.18可以看到，东中西部研究区城市用地扩展系数存在着时空上的差异。在20世纪90年代，东部的杭州城市用地扩展系数最大，达到2.70，合肥次之，西部的贵阳最低，只有0.80，说明此期东部的杭州处于建成区快速增长阶段，西部的贵阳城市扩展明显不足，中部的合肥大体处于稳定增长阶段。到2005~2009年，则反过来，是贵阳最大，达到了3.40，合肥次之，杭州最小，只有1.63，说明这一时期东部的杭州城市扩展已经从快速增长阶段走向了稳定增长阶段，而中西部城市处于快速增长阶段。综合考虑城市用地扩展系数、人均建成区面积和国情，三个研究时段内，东部杭州建成区扩展速度与城市化相适应，中部的合肥在前两个时段建成区扩展速度与城市化相适应，但第三个时段合肥城市建成区扩展明显过快，西部的贵阳第一个时段城市建成区扩展明显不足，后两个时段，建成区扩展速度与城市化是相适应的。

第4章

城市扩展驱动分析及灰色关联比较

城市建成区扩展的驱动因素很多，且往往是互相影响、累加或交叉重叠起作用，而不是单独起作用的。比如，城市经济的发展是吸引非农业人口流入的重要因素。但是总体上仍可把这些因素概括为社会因素、经济因素和政策因素三大类。其中，社会因素和经济因素可以通过人口、工业总产值和固定资产投资总额等社会经济发展统计指标来定量分析，政策因素则很难量化。虽然政策所产生的影响能够在社会经济指标中有所体现（鲍丽萍和王景岗，2009），但考虑到中国的城市扩展与国外有所不同，在西方国家城市扩展的市场自然演化过程中，政府只起辅助作用，而我国的城市发展所需资源几乎都由政府一手包揽，政府干预等行为在城市扩展过程中起着关键性的作用，政府主导因素的作用远大于市场自然演变因素（顾朝林等，2008）。政策因素在三大因素中占据了绝对的主导地位，政策实施的结果带来了社会经济因素的变化，政策甚至可以驱赶城市居民往农村迁移，从而对城市建成区的扩展产生极其重要的影响。国家政策的多变性是城市发展周期性波动的根源，制定科学合理的政策非常重要，反之会阻碍社会的发展进步，因此，有必要单独定性分析政策因素对我国建成区扩展的作用。

4.1 城市扩展驱动的政策因素分析

在中国城市建成区扩展过程中，政府始终处于领导和支配地位，其通常运用强制性的行政力量，通过制定法律法规和执行公共政策等手段，对城市建成区扩展加以引导和调控。对于城市政府来说，优惠政策甚至比中央政府的直接财政支持更重要，而且开发开放的级别越高，各种政策优惠的幅度就越大，对本城市的发展也就越有利。本书从以下几方面对城市建成区扩展的政策作用进行分析。

4.1.1 行政区划调整的驱动作用

行政区划是在综合考虑地理因素、历史因素、社会经济因素和风俗习惯的基础上，国家根据政权结构和政治的需要，对行政管理区域的一种划分（吴缚龙等，2007）。中国城市化的高速推进，促进了城市建成区快速扩展，相应地导致了地方政府之间的矛盾，政府在面对这些矛盾时通常会采取行政手段来迅速解决或回避这些冲突与矛盾。通过行政区划调整来推进城市化进程，拓宽城市建成区空间，实现区域间的整合和一体化发展是当前较为有效的途径之一。例如，2002年，合肥适当扩大了市辖区范围，将肥东县管辖的磨店乡和龙岗镇的8个村、2个居委会划归瑶海区，扩大市区面积76.37平方千米，调整后市区总面积为596.01平方千米。2001年，贵阳通过把花溪区的小河镇升级为小河区，也扩大了城区空间。区划调整幅度最大的莫过于杭州，作为长三角地区的中心枢纽城市，为了解决不同行政单元之间的摩擦，促进建成区扩展，1996年，杭州将钱塘江南岸的萧山市的西兴、长河、浦沿等三镇新设立为杭州市的滨江区，把余杭市的三墩划入西湖区，把九堡和下沙并入江干区，市辖区总面积增加到683平方千米。2001年3月，杭州做了更大的行政区划调整，将余杭市和萧山市撤市建区，并入杭州市辖区，市辖行政区面积一跃扩大到3068平方千米（冯科，2010），实现了跨江发展的战略。

行政区划调整政策对城市建成区扩展的影响非常突出：第一，行政范围的扩大必然为城市建成区扩展提供更为广阔的空间；第二，区划调整加大了区域间交通的联系和融合，必然促进城市建成区不断向外扩展。例如，区划调整前，萧山市与杭州主城区仅相隔钱塘江，虽然已经建好的几座大桥把两个城市联系在一起，但是由于行政区划的阻隔，不仅城市市政设施自成体系，而且两个城市间没有公共交通联系，甚至出租车都不能越界经营，过钱塘江上的大桥都要互相收取过桥费（吴缚龙等，2007）。2001年，区划调整后，促进了双方的空间联系和融合，加快了杭州城市建成区跨江发展的步伐。以萧杭撤市建区的区划调整时间段（2000—2005年）为例，从表3.5可以看到2000年杭州建成区面积为186.67平方千米，区划调整后，归并了萧山、余杭二区，到2005年城市建成区面积增加到327.24平方千米，增幅达75.3%。虽然，此时促进建成区扩展的因素除了区划调整外，还有其他原因，但不可否认，区划调整对建成区扩展也起了重要的推动作用。

4.1.2 土地利用政策调整的驱动作用

1988年4月12日，我国土地利用政策出现了重大转变，《中华人民共和国宪法》（修正案）增加了土地使用权可以依照法律的规定有偿转让这一条，这对我国城市建成区扩展产生了重要影响。特别是1990年国务院颁布了《中华人民共和国城镇国有土地使用权出让和转让的暂行条例》，其中第12条推出了土地批租制度，这对城市建成区扩展的驱动更为重要。根据规定，土地使用权出让的最高年限是居住用地70年，工业等用地50年。土地批租将几十年内的土地使用权一次性出让给用地单位，土地使用权出让金，即土地批租的费用，亦称土地价款，由用地单位一次性交付。此外，每年用地单位还要向土地出让人交纳使用金。出让土地到期后，国家有权将土地连同地上建筑物一起无偿收归国有。土地批租是土地资本化、市场化的重要途径，这一做法换来了城市基础建设的超常规发展。土地批租制的好处在于地方政府可以一次性收齐相当于50～70年地租的土地出让金，投入到城市的基础建设中去，解决了计划经济下城市建设政府投入不足的矛盾。可以毫不夸张地说，对于中国城市建成区近年的超常规发展，土地批租制度功不可没。计划经济下，土地没有市场化，等于将本来可以流动的大量土地资金变成了不能变现的"死钱",而土地批租就相当于把"死钱"变成了"活钱",盘活了土地资产,使市政府有钱投入城市建设,推动建成区快速扩展。以杭州为例,1991年,杭州建成区面积仅为93.82平方千米,通过土地批租制度的实施,到2000年时,建成区面积增加到了186.67平方千米,增幅高达99%,土地批租制度在其中起了相当大的作用。

由于1990~1992年中国城市建设较快,出现了乱占耕地行为。1992年国务院发布了《关于加强土地管理制止乱占耕地的通知》,但由于在执行过程中的监管力度不够,乱占耕地的行为没有得到有效抑制。1994年国务院又出台了《基本农田保护条例》,对保护耕地、遏制城市对耕地的侵占、抑制城市建成区的扩展产生了重要的影响。所以20世纪90年代前五年城市建成区的扩展速度明显高于后五年。例如,合肥在1990~1995年建成区扩展了37.10平方千米,但1995~2000年仅扩展了15.79平方千米。

以上分析说明,土地利用政策的调整对城市建成区扩展的驱动作用非常重大。

4.1.3 区域发展优惠政策的驱动作用

2001年3月全国人大九届四次会议,通过了《中华人民共和国国民经济和社会发展第十个五年计划纲要》,其中第八章提出"实施西部大开发战略,促进地区协调发展"。在这个政策的推动下,西部的贵阳建成区面积从2001年的109.22平方千米快速增加到2005年的129.69平方千米,年均增长率达4.53%,而同期城市非农业人口年均增长率仅2.52%,城市用地扩展系数高达1.80。2007年10月召开的十七大提出了"推动区域协调发展,大力促进中部地区崛起"的精神。中部的合肥城市建成区面积从2005年的209.30平方千米快速增加到2009年的275.46平方千米,年均增长率达7.47%,而同期城市非农业人口年均增长率仅4.28%,城市用地扩展系数高达1.75。政策机遇为中西部城市扩展提供了发展空间,引导资源加工型和劳动密集型产业向中西部地区转移,特别是国债及中央财政对地方的转移支付,无疑为城市道路管网等基础设施和公用事业建设提供了有力的政策扶持。可见,区域发展优惠政策对城市建成区扩展产生了不可忽视的影响。

4.1.4 住房改革政策的驱动作用

1988年1月，国务院召开第一次全国城镇住房制度改革工作会议，开启了城镇住房制度改革之路，提出了《关于全国城镇分期分批推行住房制度改革实施方案》（国发〔1988〕11号），决定用3~5年时间，从1988年起，在全国城镇分期分批推行住房制度改革。因此，1992年、1993年曾经掀起过一波短暂而高涨的房地产开发热潮，促进了建成区的扩展。1994年7月18日，《国务院关于深化城镇住房制度改革的决定》（国发〔1994〕43号）发布，正式开启了城镇住房商品化的大门，标志着我国全面推进住房市场化改革的确立。住房的商品化促进了人们改善住房的生活需求，从而推动了城市建成区的扩展。

4.1.5 城市发展规划政策的驱动作用

我国的城市发展政策，从1978年3月中央《关于加强城市建设工作的意见》中指出的"控制大城市规模，多搞小城镇"，到1980年12月国务院批转的《全国城市规划工作会议纪要》中提出的"控制大城市规模，合理发展中等城市，积极发展小城市"，再到1989年12月全国人大通过的《中华人民共和国城市规划法》中法定的"严格控制大城市规模，合理发展中等城市和小城市"，以及1991年4月通过的《中华人民共和国国民经济和社会发展十年规划和第八个五年计划纲要》中提出的"城市发展要坚持实行严格控制大城市规模"，我国政府对大城市发展规模始终是严格控制的。直到2001年3月，全国人大批准的《中华人民共和国国民经济和社会发展第十个五年计划纲要》第一次明确提出"实施城镇化战略，促进城乡共同发展"，并强调"推进城镇化要遵循客观规律与市场发育程度相适应，循序渐进，走符合我国国情、大中小城市和小城镇协调发展的多样化城镇化道路，逐步形成合理的城镇体系"，才正式提出了宽松的城市发展方针，这标志着中国的城市将全面进入一个加快发展的新阶段。例如，杭州建成区面积从1991年的93.82平方千米增加到2000年的186.67平方千米，建成区年均扩展速度为10.58千米^2/年，而在2000~2009年，从2000年的186.67平方千米增加到2009年的416.13平方千米，年均扩展速度为25.24千米²/年，约为20世纪90年代的2.4倍。合肥在1990～2000年，建成区年均扩展速度为5.53千米²/年，而在2000～2009年，年均扩展速度高达15.8千米²/年，约为20世纪90年代的2.86倍。2005年10月，党的十六届五中全会把城市的发展纳入了"十一五"规划中，在规划中明确提出"坚持大中小城市和小城镇协调发展，提高城镇综合承载能力"，以及"有条件的区域，以特大城市和大城市为龙头，通过统筹规划，形成若干用地少、就业多、要素集聚能力强、人口分布合理的新城市群"，这进一步加快了城市建成区扩展的步伐。贵阳在2001～2005年，建成区年均扩展速度为5.28千米²/年，而在2005～2009年，年均扩展速度达8.53千米²/年，为前者的1.6倍多。

由以上分析可以看出，城市发展规划政策对城市建成区的扩展也起着重要的作用。

4.2 城市扩展驱动的社会经济因素分析

从社会因素上来说，城市建成区是非农业人口的主要社会经济活动场所，非农业人口的增加对城市建成区扩展产生了直接的推动力，非农业人口的增加是决定城市建成区扩展的重要因素（鲍丽萍和王景岗，2009）。从统计口径上来说，高校在校学生也属于高校所在城市的非农业人口中的一部分（没有转户口的学生除外），而且他们毕业之后基本上在城市里工作、安家，是城市非农业人口的主要来源之一。从经济发展因素上来说，国内生产总值是国民经济发展状况的综合指标，代表了一个国家或地区经济发展水平的高低。经济发展直接对城市建设用地产生巨大需求，特别是工业厂房、库房对土地需求较大，而且经济发展是吸引人口流入建成区的重要原因。此外，对房地产及服务于城市生产生活的交通基础设施等固定资产的投资能改善城市环境，也是吸引非农业人口或企业到城市安家落户的原因。

4.3 研究区城市扩展社会经济驱动因素灰色关联分析

灰色系统理论是由著名学者邓聚龙教授首创的一种系统科学理论，其中的灰色关联分析法是一种多因素统计分析方法，它是以各因素的样本数据为依据，用灰色关联度来描述因素间关系的强弱、大小和次序，并根据各因素变化曲线几何形状的相似程度，来判断因素之间关联程度的方法。此方法通过对动态过程发展态势的量化分析，完成对系统内时间序列有关统计数据几何关系的比较，求出参考数列（母数列）与各比较数列（子数列）之间的灰色关联度。根据序列曲线几何形状的相似程度来判断其关联的紧密性。曲线越接近，则相应子数列与母数列的关系越紧密，关联度越大，反之就越小。灰色关联分析方法要求样本容量可以少到4，对无规律数据同样适用，不会出现量化结果与定性分析结果不符的情况。其基本思想是将评价指标原始观测数进行无量纲化处理，计算关联系数、关联度，以及根据关联度的大小对待评指标进行排序。灰色关联度的应用涉及社会科学和自然科学的各个领域，尤其在社会经济领域，取得了更好的应用效果。灰色关联分析与常规的数理统计方法（如回归分析、方差分析、主成分分析、主分量分析等）相比，优点在于思路明晰，可以在很大程度上减少由于信息不对称带来的损失，并且对数据要求较低，有不要求大样本（最低样本数为4即可）、工作量较少的特点，因此，在实践中更易得到满足（范作江等，1997）。

灰色系统关联度数学模型是系统分析的一个重要方法，在系统发展过程中，哪些因素是主要影响因子，可以用关联度的排序来分析，关联度大说明该因素是系统发展的主要影响因子，关联度小说明系统发展不受或少受此因素的影响。这为分析评价系统发展提供了相关的信息。也就是说，灰色关联分析法主要通过估量各评价对象和评价指标之间的距离，利用样本数据的内在关系去评价样本，从而能较好地排除数据的"灰色"关系。而且评价标准并不固定，不同的年份和样本会产生不同的标准。但是标准值的选取结果始终是样本在被选时段的最优值。因此，该评价模型是有广泛实用性和可操作性的。在模型中，最为重要的概念是关联度。关联度是因素之间关联性大小的量度，它定量地描述了因素之间相对变化的情况，从定量的角度描述了事物或因素之间相对变化的情况，即变化大小的相对性。

4.3.1 城市建成区扩展驱动因素指标选取

采用灰色关联分析法测度城市建成区扩展驱动因素，需建立一套可以反映建成区扩展的驱动因素指标体系。现有研究表明，人口增长与经济发展是城市扩展的主要驱动因素（Li et al., 2003；谈明洪等，2003）。目前该观点得到了大多数专家、学者的认可。从指标选取的代表性、可操作性和数据的可获取性等原则出发，兼顾东、中、西部的具体情况，本书选取了经济和社会生活中具有较强代表性的五个指标进行灰色关联分析。指标体系如表4.1所示。

表 4.1 城市建成区扩展影响因素指标体系

因素层	因子层	
	一级	二级
社会因素	人口增长	非农业人口
		高校在校人数
经济因素	经济发展	固定资产投资总额
		地区生产总值
		工业总产值

4.3.2 建立灰色关联分析模型

进行数学建模——建立用以测度城市建成区扩展驱动因素的灰色关联分析模型。基于遥感影像获取的城市建成区面积，结合社会经济统计数据，利用灰色关联分析法对城市扩展的影响因素进行定量分析，以比较各社会经济因素对城市扩展所起作用的大小。灰色关联分析的具体步骤如下。

第一步，确定分析数列。

确立母数列，在此需要分别将五种社会经济因素与城市建成区面积比较计算其关联程度，故母数列为城市建成区面积。影响城市建成区面积的社会经济因素组成的数据序列为子数列。

设定建成区面积数量为x_0（母数列），其影响因素（子数列）分别是：x_1表示非农业人口的数量；x_2表示高校在校人数；x_3表示地区生产总值；x_4表示工业总产值；x_5 表示固定资产投资总额。

第二步，变量的无量纲化。

由于系统中子数列中的数据可能因量纲不同，不便于比较或在比较时难以得到正确的结论，因此在进行灰色关联分析时，一般都要进行数据的无量纲化处理。在此采用初值化法进行无量纲化，即将各个数列每年的值与研究的最初年值作比值，并乘以 100。

第三步，计算关联系数。

在时间 $t=k$ 时，定义母数列 $\{x_0(t)\}$ 和子数列 $\{x_i(t)\}$ 的灰色关联系数为

$$\xi_{0i}(k) = \frac{\min \Delta_{0i}(k) + \Phi \max \Delta_{0i}(k)}{\Delta_{0i}(k) + \Phi \max \Delta_{0i}(k)} \quad (4.1)$$

式（4.1）中，$\Delta_{0i}(k)$ 为第 i 个影响因素在 k 时间与同期建成区面积的标准化量纲绝对差，其中绝对差值中的最大数记为 $\max \Delta_{0i}(k)$，最小数记为 $\min \Delta_{0i}(k)$；Φ 为分辨率，其作用在于提高关联系数之间的差异显著性，$\Phi \in (0,1)$，通常取 $\Phi=0.5$，本书中选定 $\Phi=0.5$。

第四步，计算关联度。

因为关联系数是子数列与母数列在各个时刻（即曲线中的各点）的关联程度值，所以它的数不止一个。而信息过于分散不便于进行整体性比较，因此有必要将各个时刻（即曲线中的各点）的关联系数集中为一个值，即求其平均值，作为子数列与母数列间关联程度的数量表示，即关联度（γ_{0i}），计算公式如下

$$\gamma_{0i} = \frac{1}{n} \sum_{k=1}^{n} \xi_{0i}(k) \quad (4.2)$$

式（4.2）中，γ_{0i} 为子数列 $x_i(t)$ 与母数列 $x_0(t)$ 的关联度，n 为数列长度。

第五步，关联度排序。

关联度按大小排序，如果 $\gamma_{01} < \gamma_{02}$，则母数列 x_0 与子数列 x_2 更相似。

4.3.3 城市建成区扩展驱动因素灰色关联测度

本书以杭州、合肥和贵阳市辖区 4 个年度的社会经济统计数据分别与相

应的建成区面积进行关联分析，详细数据见表4.2～表4.4，故关联度公式（4.2）中 n=4。

表4.2 1991～2009年杭州市区各灰色关联分析项数据

年份	地区生产总值/亿元	工业总产值/亿元	固定资产投资总额/万元	非农业人口/万人	高校在校人数/人	建成区面积/平方千米
1991	158.97	293.66	328 928	142.17	42 192	93.82
2000	1 043.46	1 309.96	3 400 700	184.58	107 730	186.67
2005	2 341.92	4 477.53	10 787 387	245.56	314 019	327.24
2009	4 100.00	7 400.00	180 000 000	285.11	375 075	416.13

表4.3 1990～2009年合肥市区各灰色关联分析项数据

年份	地区生产总值/亿元	工业总产值/亿元	固定资产投资总额/万元	非农业人口/万人	高校在校人数/人	建成区面积/平方千米
1990	35.64	75.25	88 490	73.33	25 583	78.28
2000	235.22	294.59	1 128 258	107.50	58 897	131.77
2005	674.16	793.92	4 199 747	150.28	242 120	209.30
2009	1 591.47	2 250.00	19 566 000	176.30	352 100	275.46

表4.4 1993～2009年贵阳市区各灰色关联分析项数据

年份	地区生产总值/亿元	工业总产值/亿元	固定资产投资总额/万元	非农业人口/万人	高校在校人数/人	建成区面积/平方千米
1993	75.82	108.13	190 918	100.71	20 533	86.83
2001	228.34	222.03	417 510	134.03	76 514	109.22
2005	414.97	436.14	2 705 130	147.59	203 934	129.69
2009	725.95	607.17	5 467 679	158.49	244 234	164.43

由于五个指标数值具有各不相同的量纲，所以需要对上述五个指标进行无量纲标准化处理，经计算，结果如表4.5～表4.7所示。

表4.5 1991～2009年杭州市区各灰色关联分析项数据无量纲化处理结果

年份	地区生产总值/亿元	工业总产值/亿元	固定资产投资总额/万元	非农业人口/万人	高校在校人数/人	建成区面积/平方千米
1991	100	100	100	100	100	100
2000	656.388 0	446.080 5	1 033.874 0	129.830 5	255.332 8	198.966 1
2005	1 473.184 0	1 524.733 0	3 279.559 0	172.722 8	744.261 9	348.795 6
2009	2 579.103 0	2 519.921 0	54 723.220 0	200.541 6	888.971 8	443.540 8

表 4.6 1990～2009 年合肥市区各灰色关联分析项数据无量纲化处理结果

年份	地区生产总值/亿元	工业总产值/亿元	固定资产投资总额/万元	非农业人口/万人	高校在校人数/人	建成区面积/平方千米
1990	100	100	100	100	100	100
2000	659.988 8	391.481 7	1 275.012 0	146.597 6	230.219 3	168.331 6
2005	1 891.582 0	1 055.043 0	4 746.013 0	204.936 6	946.409 7	267.373 5
2009	4 465.404 0	2 990.033 0	22 110.970 0	240.420 0	1 376.305	351.890 6

表 4.7 1993～2009 年贵阳市区各灰色关联分析项数据无量纲化处理结果

年份	地区生产总值/亿元	工业总产值/亿元	固定资产投资总额/万元	非农业人口/万人	高校在校人数/人	建成区面积/平方千米
1993	100	100	100	100	100	100
2001	301.1606	205.3362	218.6855	133.0851	372.6392	125.7860
2005	547.3094	403.3478	1416.9070	146.5495	993.2012	149.3608
2009	957.4650	561.5185	2863.8890	157.3727	1189.4710	189.3700

经过计算关联系数和关联度,结果如表 4.8 所示。

表 4.8 东中西部研究区城市建成区扩展驱动因素关联测度结果

城市扩展社会经济驱动因素	杭州 关联度	杭州 排序	合肥 关联度	合肥 排序	贵阳 关联度	贵阳 排序
非农业人口	0.9955	1	0.9955	1	0.9923	1
高校在校人数	0.9919	2	0.9624	2	0.7574	4
工业总产值	0.9696	3	0.9293	3	0.8916	2
地区生产总值	0.9677	4	0.8881	4	0.8225	3
固定资产投资总额	0.8015	5	0.7373	5	0.6954	5

从表 4.8 可以看出,各影响因素对杭州与合肥城市建成区扩展变化的影响次序为:非农业人口 > 高校在校人数 > 工业总产值 > 地区生产总值 > 固定资产投资总额,而对贵阳的影响次序为:非农业人口 > 工业总产值 > 地区生产总值 > 高校在校人数 > 固定资产投资总额。东中西部研究区城市都是非农业人口与建成区扩展的关联度最大,固定资产投资总额最小,说明城市非农业人口的增加是东中西部研究区城市建成区扩展最主要的社会经济驱动力。贵阳的高校在校人数与建成区关联度在五个因素中排名第四,而杭州和合肥的高校在校人数排名第二。这说明在同一时段内,东中西部研究区城市建成区

扩展的驱动因素有所差异。下面分别对五个因素与城市建成区扩展的驱动作用进行比较分析。

1. 非农业人口

从表4.8可以看出，非农业人口与杭州、合肥和贵阳城市建成区扩展的关联度都是五个驱动因素中最大的。这说明非农业人口与建成区的增长变化态势最为接近，非农业人口增长与城市建成区扩展的关联度最大。两者同步性极高的原因如下：城市非农业人口对空间的需求是城市扩展的直接动力。城市非农业人口的增加必然表现为对城市住房、办公用房、交通和公共设施等方面的需求，非农业人口涌入城市，迫使政府必须扩展建成区来容纳增多的人口。所以，城市非农业人口的增加是城市建成区扩展的最直接、最主要的驱动因素。20世纪90年代以来，随着东中西部研究区城市逐次加快城市化进程，非农业人口与建成区扩展的关联度存在地区差异。从表4.8可以看出，东部城市杭州和中部城市合肥的建成区扩展与非农业人口的关联度较大（0.9955），西部城市贵阳较小（0.9923）。对杭州来说，它不仅经济发展水平高，而且是著名的历史文化名城和旅游城市，城市环境好（建成区人均绿地面积为63.33平方米），对人口的吸引力比较大，非农业人口的增加显得非常突出，2009年，杭州非农业人口达到了285.11万人，同期的贵阳只有158.49万人。合肥背靠安徽这个人口大省，对本省的人口有着显著的吸引力，合肥非农业人口增加有足够的底气，上升空间较大。2009年，安徽省总人口数是6794.53万人，而同期的浙江省总人口数是4716.18万人，贵州省2009年仅有3798万人。省会作为全省的政治、经济、文化中心，对省内人口有着天然的吸引力、凝聚力，全省人口越多，涌入省会的人口也越多，所以合肥的非农业人口增加也明显比贵阳快，从而推动城市建成区扩展加快。非农业人口的大量涌入对杭州和合肥的建成区扩展产生了最显著的驱动作用。而西部城市贵阳由于经济发展水平落后，且城市环境建设较差（建成区人均绿地面积仅33.97平方米），所以，对非农业人口的吸引力最差，建成区扩展与非农业人口关联度较小（0.9923）。农村人口通过各种途径逐渐地向城市转移变成非农业人口，需要工作、生活和休闲娱乐空间，这给城市扩展带来了巨大的动力，这种现象在所有的城市都普遍存在。可以预见，这种因素对城市扩展的影响还会持续相当长的一段时间,直到城市化基本完成。为了控制城市规模,控制人口增长成为很多大城市最直接的有效方式。这从实证的角度佐证了近年来国内特大城市出台的限制人口流入政策对控制城市规模的有效性,如北京、上海等大城市已经实行并产生了效果。

2. 高校在校人数

如表4.8所示,高校在校人数与三个城市建成区扩展的关联度分别为0.9919(杭州)、0.9624(合肥)、0.7574(贵阳),杭州最大,合肥次之,贵阳最小。原因是:贵阳是三个城市中高校最少,也是在校大学生人数最少的城市,并且贵阳的经济也是最落后的,对大学生就业、安家落户的吸引力最小。杭州和合肥高校在校人数与建成区关联度仅略小于非农业人口,高校在校人数与城市建成区两者增长的变化态势很接近,说明高校在校人数在杭州和合肥城市建成区扩展中也起着非常重要的作用。两者同步性较高的原因如下:高校在校人数是非农业人口重要的直接来源,高考是农村孩子转为非农业人口的重要途径,尤其是高校扩招之后更是如此。自古以来,通过教育实现向城市流动,是农村青年改变命运的主要方式。比如,1978年恢复高考,打破了"出身论"与"血统论"对人的桎梏,众多农村子女通过高考跻身城市,带来了城市非农业人口的增加,这不但为城市发展提供了持续的动力和智力支撑,而且推动了城市的扩展。1998年启动的高校扩招对城市建成区扩展的驱动作用主要表现在两方面。一方面,城市非农业人口迅速增加。农村的大学生毕业以后不一定都会留在城市,但是,留在城市的人越来越多。这些增加的人口不一定都会买房,但是显然,他们中有一部分人会买房。即便不买房,他们也要租房。这部分人口的增加,需要城市为他们提供工作、生活、娱乐及出行的空间,推动着城市建成区的不断扩展。另一方面,高校扩招政策的实施,给大学带来了校园扩张的冲动,扩招使很多大学原有校园建筑面积严重不足,大肆圈地扩大校园面积成为每所大学的首要任务,以满足不断增多的学生住宿和学习的要求。因此,高校扩招无疑是城市扩展有力的助推器,成为了建成区扩展的重要动力,对推动城市化起着相当重要的作用。贵阳高校在校人数与建成区扩展关联度不高的主要原因在于其教育、文化和经济都比东中部落后,具体表现在:一方面,教育、文化的落后,使贵阳高校少,对学生的吸引力也不大,扩招之后,高校在校人数增加不突出;另一方面，贵阳经济落后，对高校毕业生的吸引力不如东中部城市，有相当大一部分本市毕业生流入了东部等发达地区，进一步促进了发达地区建成区的扩展。因此，贵阳高校在校人数与建成区扩展的关联度虽然表面上不如东中部大，但并没有掩盖高校扩招对建成区扩展的重要作用。从表 4.2~表 4.4 可以看到，2009 年，东部杭州的高校在校人数为 375 075 人，中部合肥同期为 352 100 人，西部贵阳同期为 244 234 人。东部杭州的高校在校人数明显超过中西部的合肥和贵阳，中部的合肥高校在校人数也显著超过西部的贵阳，超幅约 44%。从图 3.8 可以看到，2001 年，杭州建成区东部的下沙开始建设大学城，随后下沙区块建成区扩展明显加快。在图 3.14 上也可以看到，2002 年，在合肥建成区西南部进行大学城的建设，所以 2005 年建成区扩展在西南部明显加快。

1999 年的扩招显著加快了我国高等教育的发展，到 2002 年，我国高等教育毛入学率（即在校人数与适龄人口之比）已经超过了 15%，进入国际公认的高等教育大众化发展阶段。高校扩招有力地促进了我国人力资源开发水平的提升，为我国经济转型储备了丰富的人才，成为经济增长的巨大推动力，保障了我国经济社会的持续快速发展及城市化水平的快速提高。高校扩招是拉动内需、带动相关产业发展的重要举措。通过高校扩招手段，加快了农村子女转变成城市人口的进度，大学毕业证就是城市准入证，高校扩招无疑是城市化最有力的助推器。从这个意义上说，1998 年启动的高校扩招是中国很正确、很重要的政策，它客观上加快了我国城市化的步伐。

3. 工业总产值

如表 4.8 所示，三个城市工业总产值与建成区扩展的关联度都较高，分别为 0.9696（杭州）、0.9293（合肥）、0.8916（贵阳）。这说明工业总产值在城市建成区扩展中起的作用较大，是影响城市建成区扩展的重要因素。两者同步性较高的原因如下：城市工业的产品一开始就是商品，决定了工业必须依靠城市发展。1984 年 10 月，中共中央对城市和工业的关系做出了很好的诠释，"城市是我国经济、政治、科学技术、文化教育的中心，城市是现代工业和工人阶级集中的地方，在社会主义现代化建设中起主要作用"[1]。马克思

---

[1] 《中共中央关于经济体制改革的决定》（中国共产党第十二届中央委员会第三次全体会议一九八四年十月二十日通过）。

主义经典著作也有类似阐述,"工业把劳动集中到工厂和城市里"[①]。这些话说明,城市是工业栖息之地,工业和城市息息相关,城市是工业经济的主要载体,工业化和城市化相辅相成,没有工业化就没有真正的城市化,二者是同一个过程的两个方面,这一过程就是农业文明向工业文明转变的过程。城市化是和工业化相伴随的客观历史过程和社会组织形态,是现代化大生产方式的要求和社会结构变迁的重要环节,是人类发展的必经阶段和现代化的表现形式。宏观上,工业化追求集中化、规模化和专业化,这进一步促进了社会分工,推动了城市化的发展。微观上,工业是城市用地量较大的产业,工业扩大生产规模,不断推动城市扩展。工业的发展能带来大量的就业岗位,吸引大量劳动力进入城市,同时也带动了城市第三产业的繁荣,从而推动城市发展。例如,合肥自 1992 年设立高新技术产业开发区以来,工业总产值的增长很快,从 1990 年的 75.25 亿元增加到 2009 年的 2250 亿元,增长了 28.9 倍,与建成区扩展的变化态势比较接近。城市化是工业化的结果,工业化推动城市化,在过去的两个世纪中,世界正是沿着这样的轨迹发展的。工业化的加速发展带动了以开发(园)区建设为主,公路、铁路等为辅的基础设施大幅度增加,推动了城市建成区规模扩展,城市成了工业化最为核心的要素。我国是发展中国家,工业化尚未完成,在相当长的时期内,将处于农业国向现代工业国的转轨过程中,城市工业的发展是吸引人口流入城市的重要动力之一,因此工业化成为城市化的重要推动动力,是城市扩展的根本拉力(发动机)。这已经得到很多研究的证明,武进(1990)研究表明,工业用地扩展速度是城市各种用地中最快的,城市工业活动作为城市发展的主导因素,决定了城市用地扩展的速度,工业活动还带动了居住和仓库、交通用地的扩展。刘盛和等(2000)也证实工业用地的高速外向扩展是北京城市土地利用规模"超常膨胀"的主要原因。由于工业中的钢铁、机械制造等重工业对劳动力的吸收能力比较低,对城市化的推动力不高,所以整体上工业总产值对城市建成区扩展的直接驱动作用稍弱于非农业人口。

从表 4.8 可以看到,工业总产值和建成区的关联度中,杭州最大,合肥

[①] 中共中央马克思恩格斯列宁斯大林著作编译局:《马克思恩格斯全集》(第1卷),北京:人民出版社,1972年版,第676页。

次之，贵阳最小，这说明东部的杭州工业发展水平高于中西部城市。2009年，杭州工业总产值达到7400亿元，同期，中部的合肥只有2250亿元，西部的贵阳更少，只有607.17亿元。西部地区还处于工业化的初级阶段，工业化水平明显低于全国平均水平，所以工业总产值对西部建成区扩展的驱动作用不如东中部。

4. 地区生产总值

如表4.8所示，地区生产总值与三个城市建成区扩展的关联度分别为0.9677（杭州）、0.8881（合肥）、0.8225（贵阳），都小于工业总产值与建成区的关联度。虽然地区生产总值在城市建成区扩展中起的作用不如工业总产值，但是和城市扩展的同步性也较高。原因如下：城市扩展的动力主要是非农业人口，虽然工业、第三产业和农业的发展都与大城市的增长成正相关，但农业和重工业的发展对非农业人口转移的影响不如轻工业和第三产业，对城市化驱动力不是很强。比如，我国在1953～1985年，钢铁、机械制造等重工业构成高，对劳动力的吸收能力比较低。1978～1985年，农村实行联产承包责任制，农业总产值得到很大提高，但是农民没有形成向城市流动的趋势，所以，这段时期尽管地区生产总值很高，但城市化进程没有显著加快，城市建成区扩展的动力不强，地区生产总值增长与建成区扩展的同步性不如工业总产值。

地区生产总值是反映区域经济总量发展状况的综合指标。城市用地规模的扩大是经济增长的结果，经济增长通过对土地、非农产业劳动力的需求，促进了城市规模的增长，显然经济增长是城市用地变化的重要动力。农业的发展，使得农村人口不断从农业中解放出来，向第二、第三产业转移，从而推动建成区不断扩展。地区生产总值的提高，使得社会整体收入水平得到较快增长，拉动消费，促进城市第二、第三产业的发展，通过对土地、非农产业劳动力的需求，加快了城市的扩展。此外，经济总量的增加，使政府有更多资金投入城市基础设施建设。同时，经济水平不断提高，人们对游乐、健身及环境的要求随之增加，对住房的改善和活动空间提出了更高的要求，推动着城市建成区不断扩展。

从表4.8可以看到，地区生产总值和建成区扩展的关联度中，杭州最大，合肥次之，贵阳最小，这说明东部的杭州经济发展水平高于中西部城市，杭州高达 0.9677 的关联度表明地区生产总值与杭州建成区扩展同步性很高，说明随着杭州经济发展进入工业化后期阶段，其第三产业非常发达，城市化的动力由第二产业转变为第三产业。而中西部城市地区生产总值与城市建成区扩展关联度显著低于东部的杭州，说明虽然地区生产总值对城市建成区的扩展起着相当大的作用，但第三产业还没有成为中西部城市扩展的主要推动力。

5. 固定资产投资总额

如表 4.8 所示，固定资产投资总额与三个城市建成区扩展的关联度分别为 0.8015（杭州）、0.7373（合肥）、0.6954（贵阳），是五个因素中关联度最小的，说明固定资产投资总额与城市建成区扩展的同步性不高。原因如下：当前我国的固定资产投资主要用于基础设施、企业设备、房地产这三大领域。先看基础设施，无论是铁路、公路、通讯还是水库水利设施，与建成区扩展相关性都不高，这些基础设施只占建成区中一小部分，大部分分布于农村土地上。再看企业设备和房地产，它们对建成区扩展起着相当大的作用。企业设备和房地产是保证生产发展和人民生活改善的需要，也是吸引大量非农业人口进入城市的重要动力，必然对建成区扩展发挥作用。此外，固定资产投资反映了政府建设政策的趋向，但政策有明显的时间滞后性，往往是政策落实后才开始建设，这需要一定的时间。

我国自新中国成立以来到 2000 年，只注重对企业生产设备的投资，对城市基础设施建设和房地产建设的重要性虽然有所认识，但实际上仍然不够重视。进入 21 世纪以后，我国经济决策者逐渐积累经验，提高认识，确定把城市基础设施和房地产的建设作为今后经济发展的重点，这无疑是正确的决策。城市基础设施和房地产在城市化中的作用，在长达将近半个世纪的时期里，已经多次得到了实例的印证。就第二次世界大战后实施城市化成效比较显著的"亚洲四小龙"来说，它们都耗费了巨额投资，大力改善城市基础设施和住房，完成了城市化。

从表 4.8 可以看到，固定资产投资总额和建成区扩展的关联度中，杭州最大，合肥次之，贵阳最小。这说明东部的杭州经济发达，对城市基础设施和房地产的投资超过了中西部城市，建成区扩展较为显著，而西部的贵阳由于经济落后，对城市基础设施和房地产投资最少，所以固定资产投资总额与贵阳城市建成区增长变化态势的差异性相对较大，关联度只有 0.6954。

4.3.4 驱动因素灰色关联测度结论

综上所述，不仅各社会经济因素和建成区扩展之间的关联度存在显著差异，而且社会经济因素与城市建成区关联还存在地区性差异。城市建成区扩展的驱动力以非农业人口最大，固定资产投资总额最小，这符合我国长期以来是个农业大国的现状，只有城市工业和第三产业不断发展，才能承接农村人口的转移，才能促进我国城市化进程。东部的杭州和中部的合肥建成区扩展驱动因素作用大小顺序为：非农业人口 > 高校在校人数 > 工业总产值 > 地区生产总值 > 固定资产投资总额；西部的贵阳建成区驱动因素作用大小顺序为：非农业人口 > 工业总产值 > 地区生产总值 > 高校在校人数 > 固定资产投资总额。在五个社会经济驱动因素与建成区扩展的关联度中，杭州最大，合肥次之，贵阳最小。

第5章
研究区城市扩展效应

5.1 城市扩展的辩证思考

马克思主义哲学，即辩证唯物主义和历史唯物主义，是马克思主义的理论基础，是人类思想成果的高度综合和发展，是唯物论和辩证法的有机结合，是人们从总体上认识事物的根本方法。它揭示了自然、社会和人类思维的运动发展的普遍规律，创造了观察、分析、研究自然与社会现象和过程的方法论基础——唯物辩证法。马克思主义哲学是完整的科学体系，具有严密的科学性和显著的实践性，它吸收了人类思想和文化中一切有价值的东西，不带有任何偏见，所以马克思主义哲学是普遍适用的科学理论与方法。马克思主义诞生160多年以来，虽然各个领域都发生了深刻变化，但是，在当今世界，没有哪一种学说像马克思主义那样，展现着如此巨大的理论魅力和实践指导作用。冯契先生有一个著名的"两化说"，他认为学习马克思的辩证唯物主义与历史唯物主义的意义就在于能够帮助我们"化理论为德性，化理论为方法"。"化理论为德性"是说马克思主义的理论是以自然观、社会历史观、人生观的形式表现出来的人的世界观。"化理论为方法"是说我们必须超越马克思主义的具体结论而注重其中方法论的含义。所以，马克思主义哲学观和方法论仍是很多情况下分析解决复杂问题的伟大工具，特别是在分析复杂的社会问题时，马克思主义在当代依然显示出其强盛的生命力。事实上，只要对我们所处时代和这个时代所面临的问题进行一番认真的思考和探究，我们就可以感受到马克思主义学说的理论征服力，而这正是本书以马克思主义的世界观和方法论为视阈对当代城市扩展问题进行辩证分析的理论和实践之依据所在。

从哲学的联系观来看，世界是普遍联系的整体。城市和农村相互影响、相互依存，城市依靠农村提供农产品，城市的出现与发展也必然会对农村产生影响，城市间的发展也互相影响，应该全面地分析它们之间的相互关系。首先，不能把城市和农村割裂开来。城市和农村不是对立的，而是互相促进，共同发展。科学技术使得农村和城市共赢成为可能，城市和农村的发展不是零和博弈，而是正和博弈。随着城市不断发展，大量劳动力向城市转移，一方面，解决了大量农村富余劳动力的就业，同时城市的先进技术和管理方法进入农村，促进了农业的专业化、规模化和集约化经营；另一方面，城市创造出的新思想、新技术、新工艺，以及培养出的农业技术人才应用于农村农业，大大提高了农业劳动生产率，有效促进了农村农业的发展。农业生产率的提高，又使更多的农业劳动力得以解放出来进入城市从事工业和第三产业。限制城市的发展，也是阻碍农村的发展。所以，"三农"问题的最终解决要依赖于城市化水平的提高，这已经形成了共识，也是国外发达国家证明了的事实。只有建设城市、发展城市来吸纳农村劳动力，促进农民向非农产业转移，才能减轻农村人口对土地的压力，并推进农村经济的发展（朱厚泽，2003）。其次，东中西部城市也不能割裂开来，对立起来。东部的发展给中西部的发展提供了宝贵的经验、先进的技术和人才，同样中西部的发展给东部的产品提供了广阔的消费市场，东中西部城市互相促进，共同发展。最后，产业、人口、空间是城市发展最基本的要素，三者彼此联系，相互促进，统一于城市发展的内在矛盾运动之中。社会分工的发展，促进了产业的发展，引起了人口流动和城市空间变化，城市建成区扩展是城市空间变化的主要表现形式。本书用联系观点来分析城市扩展效应时立足于以下三个基本点：第一，分析城市与农村之间的横向联系；第二，分析城市在不同时期前后相继的纵向联系；第三，从整体上分析把握城市扩展与产业和人口之间的联系。

从哲学的发展观来看，一切事物都是运动发展的。自然界是发展的，人类社会是发展的，人类的认识能力也是无限发展的。本书用发展的观点分析城市扩展时立足于以下两个基本点：第一，城市的产生、发展是社会分工深化和生产力发展的结果，城市快速扩展是社会发展经历的一个阶段；第二，把工业文明和农业文明看成是新旧事物的更替发展。

从哲学的本原来说，世界的本质是物质的，意识是物质的产物。物质第一性，意识第二性，物质决定意识，意识对物质具有能动作用。在城市发展问题上，只有加快城市发展，为人类创造丰富的物质基础，才能解决发展中不断产生的各种各样的问题或矛盾。在解决矛盾的过程中，人类的思维得到锻炼，从而提高人类的认知水平，有利于进一步提高资源的利用效率，创造更多的物质来满足人类不断增长的需要，推动人类不断向前发展。

从事物发展的矛盾规律来看，对立和统一是矛盾内在固有的两种相反而又相成的基本属性。矛盾双方在一定条件下，互为对方存在和发展的条件，共处于一个统一体中。城市和农村这对矛盾统一体就是这样：一方面，城市扩展吸纳人口、解决农村富余劳动力就业，同时也促进城市经济发展和繁荣科学教育文化；另一方面，城市扩展也带来了一定的负面影响。例如，城市规模不断扩大，占据周边部分农村优良耕地，有人担忧粮食安全；占据林地、草地或水体，有人担忧生态安全。所以，本书要对城市扩展的正面效应和负面效应做一个全面的评价，根据对立统一规律，给矛盾双方进行一个综合的辩证分析。

从理论与实践互动关系上看，进入21世纪之后，我国进入了城市化加速发展的历史时期，面临一系列现实问题和挑战，虽然不能照搬西方城市发展原理和经验，但也不能过分强调中国城市发展的特殊性，闭门造车。如果不能实事求是地看待中国生产力水平与城市化的现状及发展的阶段性，就不能正确理解中国劳动力资源优势，从而会过分强调中国的人口多、负担重，会过分强调中国社会主义初级阶段的特点和制约性，为自己的落后辩护。实践是检验真理的唯一标准，改革开放这么多年来，我国经济发展很快，科技文化水平也得到迅速提高，老百姓的生活得到了极大改善，这是有目共睹的。有些人对发展中出现的问题缺乏足够的思想认识和心理准备，于是对城市发展中出现的问题惊慌失措、大惊小怪，由此产生怀旧情绪，想停止或抑制城市发展，甚至想走回头路来回避问题。人类对美好生活的追求是无止境的，由此决定了发展是无止境的，如果人拒绝或不能发展，就会向动物状态退化（韩庆祥，2002）。虽然有的城市制定了城市发展的高目标，但如果理论不结合实际，不注意城市的科学选址和规划，也会导致城市发展缺乏强大的凝聚力和生命力。

建成区扩展效应是涉及一个国家或地区社会经济基本矛盾、新旧文明更替的综合性问题，或者说是关系到社会经济发展的全局性、战略性、体制性的问题，包含极其复杂的经济效应、社会效应及生态环境效应，引起了很大的社会争议，莫衷一是，很多观点学术界也不一致，没有定论。城市发展的目标应该是城市整体效益的最大化：尽可能地减小城市社会经济的发展对生态环境所造成的危害，达到环境效益的最大化；尽可能地推动社会文明的进步，促进各民族的稳定发展，达到社会效益的最大化；尽可能保障经济的发展，达到经济效益的最大化。这样才能满足人们日益增长的需求。所以，应全面评价城市扩展的经济、社会、生态三方面的效应，从区域平衡、城市自然环境和不同发展阶段三方面来综合考虑，这样才能达成共识。一些评价往往难以量化，一般的分析很难避免时间、空间、视野的局限及主观偏好的影响，仅凭某个方面来评价会失之偏颇，得出的结论会迥然不同。所以，本书以马克思主义哲学观和方法论作为指导思想，实事求是，密切联系实际，借鉴发达国家的城市发展理论与优秀实践成果，结合我国国情，以唯物的观点、辩证的方法来分析城市扩展效应，避免可能存在的主观片面性，这有利于揭示我国城市发展问题的本质和根源，从理论上给出基本准确一致的回答，从根源上找到解决问题的出路，从而达到宏观把握、微观入手的目的，从纷呈复杂的争论中抓住主要矛盾，避免技术分析的局限性。

限于数据和精力等原因，本书对社会效应和经济效应仅进行定性分析，而对于环境效应，由于能从遥感数据定量获取绿化覆盖率、人均绿地面积和地表温度，所以同时进行定量分析和定性分析。下面分别对城市扩展的社会效应、经济效应和环境生态效应进行分析。

5.2 研究区城市扩展效应

5.2.1 城市扩展的社会经济效应

1. "城市病"的辩证分析

研究城市扩展效应,"城市病"是一个不可回避的问题。"城市病"实质就是城市扩展的负面效应问题,即城市发展中交通拥挤、环境污染和资源紧张等一系列的矛盾。只有从城市发展的各种内在矛盾和外在矛盾的发生、发展、相互作用、变化,到转化或消亡的角度来认识"城市病",才能对"城市病"进行更清晰、更本质、更具前瞻性的剖析。

(1) 矛盾的普遍性。城市发展过程中总是要遇到很多问题和矛盾,旧的矛盾解决了,又会产生新的矛盾,我们要做的不是消灭矛盾,而是通过解决旧矛盾促使它在更高层次上建立新的平衡。认识矛盾就是发现问题,解决矛盾就是处理问题。人类在不断解决问题过程中能力得到提高,从而提高了解决新问题的能力。如此循环,人类才会发展到今天这么强大。人类历史就是一个不断解决问题的历史。例如,在20世纪70年代以前,西方城市问题主要是环境问题,原因是当时注重经济的增长,而对环境的关注较少。后来,随着对环保的重视,环境变好了。到了20世纪80年代之后,城市问题主要是交通恶化的问题。这一时期,随着对污染防治和绿地、水体规划配套等问题的重视,城市环境得到改善,但是随着汽车的发展,越来越多的家庭拥有了汽车,使得交通成为了主要问题。马克思主义的矛盾观有助于我们更加清楚地看清"城市病"的本质,避免对发展所遇到的问题或矛盾产生悲观失望情绪。扬弃问题或矛盾是历史的必然,通过生产力的发展可以消除和同化这些问题或矛盾。所以"城市病"并不可怕,要敢于承认、发现、研究并解决之,不能因发展中遇到问题就"因噎废食"而踟蹰不前、怀疑甚至倒退,更不能把"城市病"视为洪水猛兽,这样只会延误发展,带来严重后果。虽然,城市发展过程中,出现了交通拥堵、生态环境恶化、水资源短缺、高房价、治安环境恶化等所谓的"城市病",这些问题也困扰了居民的生活,但是,很多"城市病"不是对抗性的，科学技术和管理水平的提高能够使双方统一起来，人类的工业化过程就是不断解决"城市病"的过程。

（2）矛盾的特殊性告诉我们，要对具体事物作具体分析，只有这样才能抓住事物的特殊本质，采取不同方法解决不同的矛盾，这对制定正确的路线、方针和政策具有重要意义。首先，在城市发展中要善于抓住主要矛盾，充分认识中国的国情，实事求是。这样，在看待、分析和处理城市问题时就会更加全面、更加客观、更加符合实际，也会更加智慧、更加接近城市本身的客观规律。在什么样的国情下就要开展什么样的工作，解决什么样的问题。在贫穷落后、饥寒交迫的时候，就要把发展生产、解决温饱当成工作的重心。在人们解决了温饱问题之后，就要重点研究环境问题、能源问题等。社会主义初级阶段的主要矛盾是人民日益增长的物质文化需要同落后的社会生产之间的矛盾，这一主要矛盾贯穿了社会主义初级阶段的始终，规定了社会主义初级阶段的基本性质是加快发展生产力。我国的基本国情是人口世界最多，且主要分布在农村。社会主义初级阶段的主要矛盾和基本国情决定了当前城市发展的主要矛盾是城市非农产业不发达和农业人口过多的矛盾，抓住这个主要矛盾就抓住了城市发展问题的关键。其次，矛盾双方力量发展往往是不平衡的，这种不平衡决定了矛盾双方的地位和作用的不同，其中处于支配地位、起主导作用的方面是矛盾的主要方面，反之为非主要方面。对当前城市发展中的主要矛盾而言，城市非农产业不发达是矛盾的主要方面，这是起主导作用的方面，抓住了这一主要方面，就抓住了主要矛盾的本质，就犹如抓住了牛鼻子，解决好这个主要方面，农业人口过多这个非主要方面就会迎刃而解。城市扩展拉动城市投资建设，为第二、第三产业提供发展场所，同时也为新增非农业人口提供居住用地，有利于城市非农产业的发展，有利于解决城市发展的主要矛盾，这是城市扩展效应的主要方面。这就决定了城市扩展的正面效应是主要的，负面效应是次要的，城市扩展利大于弊，城市扩展的负面效应与正面效应相比，犹如一个指头与九个指头的关系，城市发展所带来的正面效应要远大于负面效应。抓住了主要方面就能识大体、顾大局，选择正确道路，避免因主次不分、性质不明而犯错误。当然城市扩展过程中由于管理或技术水平没有跟上，会出现一些问题，如交通拥挤、环境污染、乱占耕地等，但这是次要的。当然也不能忽视这些次要方面，它们如果没有解决好，甚至也可能对人民造成致命的威胁，也会变成大问题，反过来也会影响主要矛盾的解决。对城市发展中遇到的问题不应该掩饰，也不宜夸大，更不能掩盖城市扩展带来的正面效应，而是要准确把握城市发展主要矛盾的主要方面。这就诠释了虽然城市扩展带来了诸多问题，但城市的扩展依然成为全球普遍正在发生且有持续趋势的事实。资源浪费、交通拥挤、水资源短缺和环境污染等问题可以通过科学规划、加强监督管理、水资源循环利用和科学技术的发展加以解决。例如，伦敦曾经是城市空气污染的典型，整个城市经常为浓雾笼罩，但今天的伦敦基本上已经重现蓝天。还有伦敦的泰晤士河也曾经遭到严重污染，鱼虾绝迹。现在泰晤士河变清了，鱼虾又可以漫游了，这都是伦敦环保治理的成果（严正等，2004）。还有贵阳，城区内的南明河曾经恶臭熏天，污水横流，鱼虾绝迹，像沥青一样黑色的黏稠的水面上此起彼伏地冒着气泡，还不时伴随着大片大片的漂浮物涌过来。经过整治，2004年就实现了"水变清、岸变绿"（汪志球，2004）。

矛盾的主要方面和次要方面关系的原理，对于解决"城市病"具有重要指导意义。不能片面夸大城市扩展带来的负面效应，更不能一刀切地反对城市扩展，造成项目落不下地，影响经济发展，从而带来一系列的社会问题。城市发展的过程固然存在不少问题，这也是工业化、城市化步伐加快过程中必须解决的问题。应该正视发展中存在的老问题和出现的新问题，逐步解决这些新老问题，推进城市的发展，不能因为存在问题而动摇发展城市的决心。改革开放以来，我国的城市发展建设取得了巨大成就，综合国力显著增强，广大人民的物质文化生活水平有显著的提高，社会经济以较快速度持续发展，社会政治稳定。取得的成绩是主要的，是主流，发展中遇到的一些困难和问题是次要的，是支流。不能被农业人口过多束缚了手脚，更不能将农业人口看成负担，如果城市非农产业发达了，就可以承接农村劳动力的转移，农业人口就会减少，同时也会提高劳动力资源的利用效率。主要矛盾的主要方面决定了我国必须加快发展城市非农产业，扩展城市建成区，加快城市化进程。

（3）要辩证地看待"城市病"。造成"城市病"的原因是多方面的，也是复杂的，但主要是规划不科学、管理不到位、土地使用结构不合理、城市基础设施建设滞后等原因。分清这个问题是很有必要的，要避免把所有的问题都归结于城市扩展带来的结果，从而否定城市发展，更不能将二者混为一谈，尤其不能把政策上、工作上的失误归结为城市发展的问题。近年来，学术界对"城市病"关注有加，加上新闻媒体的推波助澜，使得人们习惯把城市出现的问题都简单归结于"城市病"，真可谓"城市病是个框，什么问题都可以往里装"，这实在是失之偏颇和肤浅。实际上，农村也同样会出现很多问题，布局分散、资源利用效率低下，形不成规模经济。不能把"城市病"生拉活扯地和城市扩展对立起来，它们并不是不可调和的。事实上，许多城市扩展的反对者把他们的假设建立在世界及人类的一种非常悲观的发展思想基础上，他们假设今日的资源就是明日的资源，并且人类将不能发现新的资源或者更为有效地利用现有资源，甚至危言耸听，夸大"城市病"。例如，从18世纪末期开始，许多批评者就一直发出警告，说人类处于即将到来的资源枯竭的危险中。这个时期，正好是托马斯·马尔萨斯（Thomas Malthus）做出著名预测的时候，他预测人口增长将会超过食物供应。马尔萨斯理论的继承者保罗·艾里奇（Paul R. Ehrlich）1968年出版了《人口爆炸》（*The Population Bomb*），预测2000年美国将会出现大范围的饥荒。他们认为拯救人类的唯一方式是保存和维持，限制和制止。这些预言，无不例外都是孤立、静止、片面地看待问题，忽视了人类解决问题的智慧，也忽视了城市自我解决问题的能力，所以结果往往大相径庭。不过，这种预测对有些人来说非常有用，因为他们可以充分利用这种潜在的危险性，号召人们必须马上采取措施。他们不相信人类的科技发展能开发更多且干净的能源。在有些人的眼里，城市就像毒瘤一样扩展、膨胀、向四周侵蚀。极端者如柬埔寨的波尔布特，把柬埔寨城市居民不分男女老幼全部赶到农村生活，波尔布特本人也身先士卒，带头到农村居住。悲观主义者甚至连现代科学技术的发展都认为是对世界的威胁，他们认为现代科学技术破坏了自然的和谐，片面强调汽车、飞机对环境的污染。对他们来说，开发新型的和更加清洁的燃料不是他们希望的事情，因为他们担心这将导致更多的汽车使用和更严重的城市扩展，对世界忧心忡忡，他们喜欢返璞归真，崇尚原始简单的生活，所以他们的头脑总是停留在限制城市发展而不是促进发展的假设上，以孤立的、静止的、片面的观点看待城市发展问题，漠视事物是永恒发展的客观规律，忽视了城市发展对社会经济发展发挥的重要作用。从工业革命开始以来，城市就成为社会生活的主要方面。生活在大城市的人们虽然有着种种不如意，但更多的机遇和诱惑总是让人们做出与英国当代著名城市规划学家彼得·霍尔（Peter Hall）一样的理性选择——他说过："伦敦和其他城市一样脏乱差，有时甚至是丑恶的，但无疑是个值得留下的地方。"北京、上海等大城市毛病多，丽江、大理等小城市问题少一些，环境也优美一些，为什么大部分人不选择去丽江、大理而选择去北京、上海呢？很显然，大城市的好处超过了中小城市。历史发展经验表明，随着人类的发展，社会变得越富裕，人们对生活质量的期望值越高，也越来越不愿意容忍"城市病"。改革开放前，人们的生存环境其实也没有现在好，只是当时的主要矛盾是温饱问题，它把其他的诸如住房、交通等问题掩盖了。当时，一家几口人甚至几代人挤在狭窄的住房里，车辆稀少，出门不方便。人们为什么不说以前的问题，而说现在的问题呢？一方面，现在的社会开放了，人们的思想、言论自由得到了极大的释放；另一方面，现在温饱问题解决了，人们对生活环境水平的要求提高了，这些问题就突出了。认为今不如昔的人更多的是因为怀旧的、传统的、保守的思想在作怪，犹如一个老年人，他总是在回忆、留恋过去的事物，看不惯新事物，总是把保持传统看得比发展更重要，总是想致力于保存现有的事物或重新恢复以前的事物，而不是尝试新的事物，他们总是片面强调保护资源，而不重视新资源或新技术的开发。事实上，对新技术、新事物的犹疑，甚至是反对，历史长河中一直不断上演。远者如反对汽车，近者如几年前铁路系统推行网上购票后引起的争议，反对者认为农民工不会用电脑抢票，会成为新技术的弃儿。经过几年的运行表明，这一问题已基本解决，火车站排长队购票的现象已经很少。其实，很多农民工学会了用电脑或手机购票，实在学不会的，子女或亲戚也会帮忙购票，自己到自动取票机取票，购票环境已经大为改善。这种保守的思想扼杀了进步，阻碍了社会的创新。虽然把"城市病"都归于城市扩展是不妥当的，但提出"城市病"客观上给社会敲响了警钟，有助于促使人们面对这些问题，进而解决问题。大城市之所以有许多的问题，是因为那里有许多的人，把很多矛盾聚在一起，突出显现出来了而已，但这样也有利于矛盾的解决。大城市空间相对集中，可以把这些问题集中在城市里进行高效率的解决。

（4）城市的发展是解决"城市病"的根本所在，"城市病"不是靠限制城市的发展来解决，而是靠城市的不断发展来解决。矛盾的不断解决是社会不断进步的内在动力,"城市病"就是城市不断发展的内因。早期的城市有早期的"城市病",早期的"城市病"解决了,但新的"城市病"又出现了,"城市病"是不会灭绝的,但是可以不断消化掉。出现问题,解决问题,这正是城市不断发展的动力所在。早期技术最不发达的时候,燃料、下水道、交通工具都很落后,造成的污染很严重,瘟疫流行,到20世纪80年代以后这些问题都解决了,但又出现了交通拥挤、城市垃圾、占用优良耕地过多等新"城市病"。"城市病"随着管理水平提高和科技发展会逐渐被消化掉。比如,在1988年举办奥运会的时候,韩国汉城(自2005年1月19日起改称首尔)的空气污染和交通堵塞情况比北京还严重,但是,奥运会过后,汉城在环境、交通方面做了大量的努力,取得了优异的成绩。现在的首尔,居民的生活质量与发达国家的伦敦、纽约、旧金山接近。这样的例子还很多,例如,无铅汽油的使用使美国空气中的铅浓度下降了97%。正确认识和处理城市扩展中的各种矛盾和问题,有两条根本性原则,一是坚持一切从广大人民的利益出发,二是坚持一切从实际(国情)出发。遵循这两条原则,努力实现协调平衡、和谐统一、做到双赢是解决各种矛盾的最好方式。把城市看作一个有生命力的有机体,树立以发展消化城市病、以规划减少城市病、以管理医治城市病的观念,靠城市自身的活力和城市自己的发明创造消化"城市病",而不是靠把人迁移到农村来解决。例如,柬埔寨的波尔布特就很讨厌"城市病",想消灭"城市病",于是把城市居民全部赶到农村务农,结果适得其反,饿死了很多人。历史已经证明,在发展中遇到的矛盾和问题,只能靠深入的发展来解决。中国共产党的十六大也提出,坚持以经济建设为中心,用发展的办法来解决前进中的一切问题。如果一个城市出了问题,首先应该检讨它的规划是不是有问题,管理是不是有问题。人类文明发展史本身就是一部不断解决矛盾和问题的历史,出现的问题只是暂时的,最终这些问题是必然要退出历史舞台或必然消失的。人类解决问题的能力是无限发展的,当经济的发展和社会的发展都达到一定的水平后,随着人类认识水平的提高,这些问题或许就很容易解决,但也要避免无限夸大认识能力,毕竟在特定历史时期,人类的认识能力是有限的,具有时代的局限性。

(5)"城市病"虽然是城市发展过程中的次要方面,但也不能忽视。"城市病"虽然不是城市扩展效应的主流,但是也要引起足够的重视。比如,对于环境污染，如果不马上采取措施，其将会严重影响人类的生存发展。但不能因此否定城市发展，"城市病"往往都不是对抗性矛盾，"城市病"并非不可救药，也不是必然要发生的。从历史经验来看，"城市病"往往是城市管理规划水平欠缺导致的，随着社会的发展，"城市病"最终会得到解决，人类是有办法解决的。只有从整体上而不是局部上、具体地而不是抽象地去认识"城市病"，才可能完整、准确地把握城市发展规律。城市扩展带来的空间集聚效应远远大于"城市病"所带来的负面效应，而且随着"城市病"的不断解决，城市才能持续发展壮大。城市化意味着人口聚集，同时也会将社会问题，如交通拥挤、生态恶化、耕地减少等"城市病"聚集起来。欧美等发达国家和地区已经走过了城市化高速发展时期，进入了后工业化时代，物质建设告一段落，城市研究侧重于"城市病"等社会问题的治理。在20世纪70年代欧美的发达国家曾经一度不同程度地出现大城市发展迟滞的现象，这引起了学术界和舆论界对大城市的批评，很多学者更进一步得出大城市已经衰落的结论。其代表人物美国历史学家肯尼思·福克斯（Kenneth Fox）在《大都市区美国：1940—1980年美国城市生活和城市政策》一书中则进一步提出，经过几十年的发展，美国城市分布模式已趋于稳定，"从此可以向大都市区告别了"。美国著名演员史蒂夫·麦奎因（Steve McQueen）也对"城市病"深恶痛绝，甚至悲哀地说，"我情愿醒来以后无处可待，也不愿居住在世上的任何一座城市"（阿瑟·奥沙利文，2003）。但进入20世纪80年代后，美国城市发展的事实证明，对大城市的批评有些不妥。例如，纽约市由于公共交通的改善和环境治理水平的提高，市内交通已很畅达，社会治安也明显好转，市中心区开始恢复服务业繁荣的局面，彻底扭转了都市区在20世纪70年代的颓势。这就强有力地说明，20世纪70年代只是一个过渡性阶段而已，大城市仍是未来的发展趋势。中国等发展中国家由于历史原因，进入工业化时期较晚，城市化水平较低，第二次世界大战后，由于世界产业的转移，发展中国家迎来了工业化的良机，城市扩展迅速，城市化水平提高，推动了发展中国家的文明进步，同时，在城市扩展过程中，也会出现类似的"城市病"。

2. 城市发展有利于农业文明向工业文明过渡

（1）农业文明向工业文明过渡是社会分工深化的结果，是旧事物向新事物的转化。人类社会的发展是由低级向高级发展的有规律运动，一切文明形态都是人类社会从低级到高级的无穷发展过程中的一些暂时阶段，它表现为社会分工不断深化的历史过程。社会分工深化程度是生产力发展水平的标志，是一切社会进步的历史标尺，就犹如生物界的细胞分化程度是低等生物进化到高等生物的标志。马克思曾指出："物质劳动和精神劳动的最大一次分工，就是城市和乡村的分离。"[①] 人类发展史就是一部社会分工不断深化、生产力不断发展的历史，城市愈发展，社会分工愈深化。按照生产力发展标准来衡量，人类社会目前可以科学地划分为农业文明、工业文明和信息文明，也许下一个百年，人类会进入天空文明。这里，限于篇幅内容，只讨论农业文明和工业文明。农业文明要求相对静止和稳定的社会及社会分工，工业文明要求不断创新和更进一步的社会分工，以及进一步的知识增长，而创新又不停地带来新的分工和新的产业，因此工业文明有着比农业文明更多的职业。农业文明起源于原始社会，发展于奴隶社会，发达于封建社会，至今大约有10 000年的历史。农业文明的特点可以简单概括为：轻视科学，注重经验，重视耕地资源，节俭的消费，保守怀旧，崇尚人治，崇尚威权，讲究宗亲，生产以人力畜力为主，不重视人类发现资源和提高资源利用率的能力。所以，他们想象不出城市会扩展到今天纽约这样的规模，也想象不出地球能养活这么多人口，更想象不出人类能生产、操控航空母舰这样的巨无霸。工业文明，源于18世纪中叶的英国工业革命，随后在西欧和北美的城市率先拓展开来，大约仅有200多年的历史。它的诞生是社会基本矛盾演化发展的结果。工业文明的特征：高度城市化、经济全球化，以及市场经济体制所提倡的开拓进取、商品意识，崇尚民主法治、天赋人权，重科学理性等精神；从事农业活动的人数和时间越来越少，而人类的其他活动越来越多；人类使用以能源为动力的工具，材料和制造取得空前进展，人力畜力被机器取代。

（2）工业文明必然战胜农业文明。农业文明和工业文明是矛盾对立的两个方面，农业文明和工业文明的冲突实质就是旧事物和新事物的矛盾，是传统和现代的较量。工业文明是新事物，代表了人类社会发展的方向，具有强大的生命力。农业文明是旧事物，代表腐朽落后，它已经丧失了存在的必然

[①] 中共中央马克思恩格斯列宁斯大林著作编译局：《马克思恩格斯选集》（第1卷），北京：人民出版社，1972年版，第56页。

性而日趋衰落和灭亡。马克思曾一针见血地指出了东方农业文明落后的本质："这些田园风味的农村公社不管看起来怎样祥和和无害，却始终是东方专制制度的牢固基础，它们使人的头脑局限在极小的范围内，成为迷信的驯服工具，成为传统规则的奴隶，表现不出任何伟大的作为和历史首创精神。"[1] 200多年工业文明创造的物质与精神财富，远远超越10 000年农业文明的总和，这就有力地证明了农业文明过渡到工业文明是人类发展史的一次重大的飞跃和质变。工业文明作为新事物，是人类文明发展的更高级文明层次，社会分工更为完善和发达，生产力得到更大的解放，科学技术空前发展。工业的发展提高了农业劳动生产率，使得人类的温饱和生存问题不再是社会的主要矛盾。虽然这时农业在社会中仍有基础性作用，但农业只需要投入少量劳动力即可满足人类的生存需求。工业文明促进了农业生产率的极大提高，解决了温饱和生存问题，削弱了农业的地位。马克思说，"城市的繁荣把农业从中世纪的简陋状态中解脱出来了"[2]。农业不再是主要的产业，不再需要投入太多的人力物力，农民仅占人口中很小的比例。虽然农业仍是基础产业，但"同工业比较起来农业的比重已经降低，农村已让位给城市"[3]。"随着农业不再为国家决定性部门，随着从事工业阶级的形成和城市的产生，封建制度到处趋于衰落。"[4] 工业文明解决了人口快速增长对耕地和环境的压力，使人类文明揭开了新的篇章。工业文明诞生之日就是农业文明开始陨落之时。农业文明是人类文明的低级形式，生产效率低下，它主要解决的是人类的温饱和生存问题。农业文明总是纠结于人口与资源的矛盾，受制于耕地资源，能养活的人也有限。虽然任何事物都不可能完美无缺，工业文明也不例外，但并不能否定工业文明必然战胜农业文明的客观规律。历史社会都是在新与旧的斗争中不断提高与发展的，我们应该容忍并接受新景观、新事物、新现象的出现，也接

---

[1] 中共中央马克思恩格斯列宁斯大林著作编译局：《马克思恩格斯选集》(第1卷)，北京：人民出版社，1995年版，第765页。
[2] 中共中央马克思恩格斯列宁斯大林著作编译局：《马克思恩格斯选集》(第7卷)，北京：人民出版社，1972年版，第387页。
[3] 中共中央马克思恩格斯列宁斯大林著作编译局：《马克思恩格斯选集》(第4卷)，北京：人民出版社，1972年版，第520页。
[4] 中共中央马克思恩格斯列宁斯大林著作编译局：《马克思恩格斯选集》(第4卷)，北京：人民出版社，1972年版，第51页。

受部分旧景观、旧事物的消失，而不是一味怀旧或谴责。比如，有人说，建三峡大坝破坏了生态景观，难道新形成的生态景观不是景观吗？显然，这是一种农业文明的思想在作怪而已。工业文明作为新事物，当然也会存在一些缺点，应该实事求是分析，并在前进中加以克服。农业文明过渡到工业文明是人类发现和利用资源能力增强的过程。例如，石油对于清朝来说，只不过是可以作为燃料而已，但进入工业文明的西方，则可以从石油中提炼出许多有用的东西；农业文明主要利用耕地资源，但是工业文明，则更充分地利用了煤炭、钢铁和石油等资源；工业文明可以解决农业文明资源不足的问题，如用水泥、钢铁代替木材，用合成纤维替代棉麻和皮革；工业文明通过农业化学的发展、生物技术的突破可以使农业生产率得到极大提高。

（3）城市是工业文明的诞生之地，是工业文明发展的天然适宜之地。工业文明是社会化的大生产，客观上要求工业要素的集中而不是分散。城市作为生产要素集聚之地，是工业生产最理想的空间，其适应了社会化大生产的要求，成为先进生产力的聚集地和先进文化的策源地。城市聚集了各种资源，具备了工业化大生产所需的其他"软硬件"，为工业化大生产提供了极大便利。城市促进了更多和更大范围的社会分工与合作，生产力得到快速提高。城市化是伴随工业化进程而出现的社会进化现象，是工业化的必然结果。城市从诞生之日起就开始不断扩展，但一直很缓慢，直到工业革命爆发，才进入了城市快速扩展的时代。所以，工业文明也可以说是城市文明。城市建成区扩展为大量农村劳动力资源转移到城市提供了空间，从而进一步促进非农产业的发展，加速农业文明的衰落，随着双方矛盾的展开和解决，完成农业文明向工业文明的过渡。

（4）农业文明过渡到工业文明是长期的、曲折的历史过程。200多年以来，工业文明的碎片特别是工业技术扩散到世界各地，极大地推动了人类社会进步，但是至今，完整的工业文明社会形态体系多局限于欧美等发达国家和地区。这些国家和地区在历史上无一例外地为工业文明社会转型付出过巨大痛苦的民族代价，如法国、英国大革命时期的帝王断头台，美国历史上唯一的全国内战。在亚洲、非洲等地区的大多数国家，由于传统思想的保守性，农业文明过渡到工业文明的过程总是异常艰难。印度就是一个典型的农业文明思想严重的例子，印度虽然表面是资本主义市场经济，但农业文明历史悠久，封建思想根深蒂固，人们的思想里有着深深的农业文明的烙印，对现代工业文明有着天然的抵触性。它破旧的城市现状在某种程度上是政府故意而为之，这与甘地所倡导的印度应该是一个农业国家的理念有关，是印度中央政府执行这一理念所采取的发展规划政策导致的结果。数十年来，印度政府不重视城市建设，投资环境很差，处心积虑地让新来人口难以在城市立足，以阻止城市扩展。印度中产阶级质疑城市化和工业化，左右印度社会的舆论，并具有很大的政治影响力，他们对农村有着浪漫的怀旧依恋。因此，在印度，将农田用于工业和城市基础设施建设而导致的抗议活动在不断增加，城市基础设施不足的现状和贫民窟肮脏、不稳定的生存环境将得以长期持续。由于农村与城市收入的巨大差距，印度农民倾巢出动，大批涌向城市，城市人口过度增长。然而，印度城市建设未能跟上这一步伐。印度一直忽视城市，主流社会意识形态关注的重心也从城市转向支持农村经济，想使农民留在土地上。印度城市的扩展在很大程度上是无计划的，无法吸引公共资源投入到城市建设中。所以，迄今为止，尽管印度城市人满为患，仍没有相关城市建设计划，这一现状使得印度的贫民窟人口比地球上其他任何国家都要多，造成了严重的贫富悬殊，少部分精英人士享受着工业文明的富裕的上流生活，大部分群众则忍受着农业文明的愚昧、贫穷的农村生活。中国在21世纪以前也是如此，一直以来实行控制城市的政策，保持着70%以上的人口以从事小农经济为生，重农轻商的传统也约束了工业文明的发展，从而形成了超稳定结构的农业文明形态。直到2001年3月，第九届全国人民代表大会第四次会议批准的《中华人民共和国国民经济和社会发展第十个五年计划纲要》第一次明确提出"实施城镇化战略，促进城乡共同发展"，才在思想上和制度上有了显著的改观。所以，对于中国这样的农业国家来说，城市化就意味着社会文明质的变化。我国的城市化要用发展的眼光站在生产力发展的高度上，放到农业文明过渡到工业文明的人类发展大趋势中思考，这样很多问题就清楚了。中华文明史可以说是一部农业文明史，人口与资源引起的社会矛盾贯穿了始终，每次朝代的更替莫不是以耕地在人口中的重新分配而结束。直到改革开放，引进现代工业文明，温饱才得到根本解决。我国由于农业文明历史悠久漫长，封建思想根深蒂固，上至政府高层领导，下至普通百姓，都深受影响，甚至在一些人的头脑里还存在贬低西方工业文明的思想，对工业文明采取抵制和嫉妒的心态，这注定了工业文明在我国发展的长期曲折性。他们往往利用工业文明中出现的一些问题大肆歪曲，企图保持农业文明。这也许是中国由传统封建社会向现代化社会转变、由农业文明向工业文明转变的一段痛苦历程。但是不管传统的封建思想如何顽固，如何强大，历史如何悠久，那也只是延缓了我国的城市化进程而已，工业文明的潮流是无法阻挡的。从农村、落后地区向城市、发达地区转移和定居，是我国工业文明发展的一个必然和必需的过程，是我国现代化的必由之路。只要我国坚持改革开放，城市扩展就是我国农业文明迈向工业文明的必然。只有扩展城市，发展非农产业，接纳大量的农村人口转移，才能完成我国的城市化，才能把巨大的人口负担转变为人力资源优势，只有农村生产力得到极大的解放，我国才能成为现代化工业文明国家。我国围绕耕地和城市发展矛盾的立法，其实质是一场农业文明和工业文明思想的"较量"，是限制城市发展以保护耕地和推进城市化以最终解决农村人均耕地短缺之间的争论。目前，农业文明思想在我国仍处于支配地位，起着主导作用，而工业文明处于被支配地位，起着次要作用。只有城市化完成之后（城市人口占80%左右），两者的地位才会发生转换，只有工业文明变成主要方面，人们的思想也才会有质的改变，科学民主的思想才能战胜传统的封建迷信思想，这是我国实现现代化的战略切入点。2010年《中小城市绿皮书》指出，中国城镇化率到2030年预计将达到65%左右。所以，我国从农业文明过渡到工业文明还将有很长的一段路要走。对于中国这样以农业人口为主的发展中国家，必须加快城市的扩展，加快城市化进程，才能加速传统封建思想的灭亡，促进农业文明向工业文明过渡，才能推动社会进步，让更多人享受现代文明的成果。

3. 促进劳动力就业，发挥劳动力资源优势

（1）充分发挥劳动力资源优势是我国当前极其重要的问题。我国当前最大的国情是：①人口世界最多，且主要分布在农村，文化水平和劳动技能不高；②我国经过20多年的大学扩招，积累了大量的高素质人才，但同时也给城市带来了很大的就业压力。从《中国统计年鉴》（1987~2004）可以看到，1987年我国新生人口达到2550万人，此后便以平均每年48万人的速度下降，直到2004年后暂时趋稳。可以预见，到21世纪中叶时，高峰期出生的人口将超过63岁，标志着那时中国的劳动力数量进入了拐点，开始逐年下降，人

口红利渐渐丧失。人不光有一张口，还有两只手，人既是消费者又是生产者。劳动力被闲置起来就是剩余劳动力，被闲置、浪费的宝贵资源就成了纯粹的消费者，但如果解决了就业，他们就成了生产者。也就是说，劳动力资源利用得好就是最大的人力资源优势，是巨大的财富；利用不好，出现大量失业人口，人力资源就会白白浪费掉，还会带来社会不稳定隐患和老龄化等一系列社会问题，劳动力资源就会成为最大的劣势。我国正处于人口红利的黄金时期。人口红利并非取之不尽、用之不竭，如何合理把人口结构的优势最大限度地发挥出来，以促进经济的快速增长将是我国重中之重的问题。人口问题不像经济问题，错过了容易调整，一旦进入老龄化社会之后，人口红利就浪费了，反而成为社会负担。基于当前中国这样的人口情况，开发利用好当前的人力资源和解决好劳动力的就业问题就显得非常迫切。对任何国家来说，劳动力资源都是必须要用掉的，因此所有的国家都把就业摆在了最优先位置。我国的"十二五"规划也专门在第三十一章提出了"实施就业优先战略"。当然，就业不仅仅是有个事情做，而是要有较高的劳动生产率，带来较高的劳动收入，不能像改革开放前，为了解决就业问题而把城市人赶到农村去，本来是一个人种一亩[①]田地，变成两个人种一亩田地，劳动生产率没有提高，劳动收入也减少了，那也是劳动力资源的浪费。人口转型理论表明，人口红利期只是人口变迁过程中的一个阶段。随着计划生育政策效应的显现，人口出生率的下降，处于劳动年龄的人口将不断减少，同时伴随老龄化趋势的即将到来，人口红利终将逐渐枯竭。在这一客观规律面前，我国必须采取一系列有效措施，最大限度地发挥人口红利效应，抓住经济增长的战略机遇期，充分利用当前最为丰富的劳动力资源，保证劳动力的最大化就业，最大化利用人口红利，这不仅是保持经济增长的重要手段，还是提高人民生活水平、迎接老龄化社会到来的当务之急。

（2）城市建设是充分发挥我国劳动力资源优势的重要渠道。城市发展必然带来市政设施、交通基础设施和房地产的大规模建设，这就需要大量的劳动力。同时，城市规模的扩大，进一步促进了第二、第三产业的发展，就能提供更多的就业机会。从社会发展规律来看，社会分工越发达，就业机会就

[①] 1亩≈666.7平方米。

越多。与农村相比，城市的社会分工发达得多，第二、第三产业的充分发展能大量吸纳劳动力就业，而且，第三产业只有在一定的城市规模和相应的经济结构上才能形成和发展，这决定了大城市在我国人口的吸纳及城市化的发展中起着十分重要的作用。因此，城市发展是发挥人口红利优势、解决非农就业的重要渠道。城市化人口比例和非农就业比例是区分发达国家和发展中国家的一个很重要的、很清晰的标准和界限。我国劳动力数量在世界上最多，而且处于历史最高峰，但我国城市化滞后，特别是西部城市规模普遍较小，第三产业解决就业的巨大潜力难以释放，就业矛盾难以缓解，农村剩余劳动力的转移也因之受到阻滞。大城市不仅就业机会比较多，而且由于竞争激烈，各种商品和服务价廉物美，对人口的吸引力很大。中小城市由于其城市经济规模有限、经济结构单一、城市功能欠缺，无法形成对劳动力的巨大吸纳能力。因此，只有加快城市化进程，提高城市发展的质量，扩大第二、第三产业规模，改善我国的就业环境，才能促进城市的产业结构调整，充分发挥我国的劳动力资源优势，同时解决扩招带来的大量高校毕业生就业问题，这是政治稳定和社会稳定的重要基础。如果不这么做，劳动力资源优势就会化为乌有。城市化是我国今后很长一个历史阶段的事情，毛泽东在《论联合政府》中指出："如果中国需要建设强大的民族工业，建设很多的近代的大城市，就要有一个变农村人口为城市人口的长期过程。"[1]我国城市发展还有很大的空间，虽然眼前消耗了部分优良耕地，但这是在为城市化和工业文明打下坚实的物质基础，是充分发挥我国人力资源优势，避免人口红利浪费的重要切入点。我国不能再固守于农业文明的狭隘思维，占据一点耕地就心疼不已，而对用地严加管控，那样只能是"舍本求末"或"本末倒置"，主次不分。人是生产力三要素中最活跃、最根本的要素，也是起主导作用的因素。人是"本"，能够将"非资源"变为"资源"，并能提高资源利用率，自然资源是"末"，是劳动对象，所以，充分利用人力资源优势才是我国发展的根本，这是对我国国情的正确认识和理性思考。虽然现在我国城市扩展有一定的超前性，但那是为城市化做好提前的物质铺垫，毕竟，我国有那么多的农业人口需要转移到城市，城市不扩展，怎么能提供足够的住房和工业发展用地呢？

---

[1] 毛泽东：《毛泽东选集》（第3卷），北京：人民出版社，1991年版，第1029页。

那样第二、第三产业也不能发展起来，就业就无法解决。不充分发挥劳动力资源优势，我国的人口红利将大打折扣。我国的劳动力特点决定了劳动密集型产业仍然是解决劳动力就业的主要渠道，我国的经济增长仍然靠利用资源（劳动力和土地）和扩大投资，特别是中西部。这没有什么可担忧的，日本和美国在发展过程中都曾扮演世界工厂的角色。盲目升级换代，盲目赶走劳动密集型企业，是不利于发挥我国的劳动力资源优势的。现在中国需要加大投资，大力发展工业和第三产业来利用我们的劳动力资源，需要扩展城市以为新增人口提供生产、生活用地，这样才能发挥劳动力资源优势。城市扩展通过土地的投入，可以拉动投资，带动劳动力投入，解决就业问题，可以充分发挥人力资源优势，所以，加大城市建设力度是我国解决就业问题、充分发挥劳动力资源优势、消除增长瓶颈、实现城市化的主要渠道。如果此时不加快城市建设，等到史上最多的劳动力进入老龄化后，就白白浪费掉了，只恐怕到那时，想要扩展城市都没有足够的劳动力了。

4.优良耕地减少，但土地资源利用效率提高

（1）城市化对耕地的影响被夸大了。有人担忧，急速扩展的城市占用了大量优良耕地，影响了国家的粮食安全，在他们的眼里，似乎必须控制城市扩展规模和速度，才能保证农产品的自给，实现可持续发展。众所周知，古今中外，人类的聚居点，不管是农村还是城市，基本上是建立在地势平坦、水源充足、土壤肥沃的坝子上，周边天然就是良好的耕地，所以城市扩展占用部分优质耕地是毋庸置疑的，也是不可避免的，这是社会发展的代价，但把耕地减少归罪于城市扩展是有失偏颇的。国土资源部公布的2008年《全国土地利用变更调查报告》显示，截至2008年12月31日，全国耕地面积为18.2574亿亩，与1996年的19.51亿亩相比，12年间，中国的耕地面积净减少了1.2526亿亩，耕地减少流向如下：退耕还林占63%，农业结构调整占8%，灾毁耕地占6%，只有23%是建设占用。可见，我国耕地的减少主要是退耕还林所致，而且建设占用中城市建设占用只是其中一小部分，大部分则是在道路和农村建设占用上。因此，与其说耕地减少是城市化的结果，还不如说是人口增长和交通发展带来的结果。人口的增加，不管是在农村还是在城市，都需要不断蚕食周边良好耕地来满足用地的需要。城市化把农村人口转移到城市里工作、生活，城市扩展的同时，农村建设用地扩展的压力也减

轻，保障了耕地的总量平衡。据2006年开始的第二次全国农业普查的数据，农村人均建设用地为185平方米，而国内普遍认为扩展过快的合肥，2009年城市人均建设用地面积也不过153.96平方米，可见城市用地更集约。交通设施的增加是社会发展的必然结果。城市和城市之间，城市和农村之间，必须通过大量的交通设施来交流沟通，必然占据部分耕地。即便按照我国城市化完成时城市人口13亿人和人均占有城市用地150平方米（城市规划最高标准）来计算，城市共占用19.5万平方千米的土地面积（这已经包括工业区、商业区、行政区等城市功能区的用地），这仅占全部国土面积960万平方千米的2%，也就是说，一个中等省份——陕西省（土地面积共20.58平方千米），即可足够实现全国城市化。综上所述，城市化对耕地的影响显然被夸大了。

（2）土地的价值在于利用，更在于高效利用。土地作为人类生存的基础，在国家的发展中占有极其重要的地位。威廉·配第（Willam Petty）认为"劳动是财富之父，土地是财富之母"。言下之意，生产要素不是单独发生作用的，两者缺一不可，只有劳动力和土地完美结合，才能创造出人类的巨大物质财富和精神财富。城市土地开发强度大，经济效率高。由于城市扩展带来了土地资源的释放，吸引了外来资金和技术的进入，从而解决了大量劳动力的就业问题，使劳动力得到充分利用。城市的发展，促使农业人口减少，科技水平不断提高，促进农业专业化、规模化和机械化经营，实现农业现代化，带来农业生产率的提高，使得少量耕地就能生产更多的粮食，这又进一步为城市化创造了条件。这就是城市的发展虽然占据了部分优质耕地，但我国粮食产量仍保持增长的原因。城市化本身就是集中使用土地资源、解决人地矛盾的有效途径，它使人类在现有土地资源上用100年创造出比之前5000年总和还多的财富，承载了比以前更多人口的生存。据统计，我国200万人以上的大城市、20万人以下的小城市、建制镇三者人均占地面积的比例是1∶2∶3.1。因此，从节约用地方面来说，大城市人口密度高，使分散居住变为集中居住，更节约用地，容纳的人口更多一些，有利于提高资源的利用效率。我国人多地少，提高城市化促进土地的集约利用符合国情。当然，我国也存在盲目、不切实际的规划导致大片耕地圈而不用等粗放浪费和闲置土地的情况，这导致我国人均建设用地偏高。此外，由于农业生产效益低、工作环境差等原因，农民特别是青年农民纷纷进城务工，各地普遍存在大量耕地丢荒或半丢荒现象。但是，通过提高管理水平，可以减少这种现象。市场是最有力的提高土地利用效率的工具。只要按照市场规律配置资源，而不是靠权力配置资源，土地的浪费就会减少。此外，不能简单认为人均建成区面积扩大就是浪费土地，在某种程度上这是建成区居民工作生活环境得到了改善。比如，有人强烈批评高校圈地，如果你把高校看成一个市民公园或景观，看成市民运动、休闲、娱乐的空间，实现大学与城市相互融合、互动发展，这样看土地利用效率就不会降低。有的地方政府为了发展地方经济，违背市场规律，低价出让土地，如果用地企业以很低成本获得大片土地，就有可能低效利用土地。计划经济时代，把土地的资本属性以自然化的方式冻结起来了，从某种意义上说，这也是土地的浪费。计划经济使中国近40年没有土地买卖，地价房价的暴涨，实际上是过去几十年土地需求的累积爆发。现在我国有丰富的劳动力资源，如果没有相应的土地资源匹配，人口红利和土地红利就无法兑现。

（3）耕地减少并不一定意味着粮食危机。担忧粮食危机，这是几千年来中国农业文明固有的思维——不重视科学技术，把粮食的增加寄托于耕地增加和祈求风调雨顺上。从耕地面积上来看，中国的人均耕地在世界上是比上不足、比下有余的中等水平，比新加坡、日本、韩国等高度城市化的发达国家强得多。虽然这些国家人均耕地非常少，但人民的生活很富裕，从未听说过粮食危机。诚然，从历史和现实来看，粮食危机的确时有发生。远的不说，邻国朝鲜就经常发生粮食危机，但那不是因为城市化导致耕地不够，更不是因为务农人口少，而是因为自身政策失误。改革开放前的中国和许多非洲国家莫不如此，耕地和农民可不谓不多，但是人民却经常生活在饥荒之中。更为悲剧的如波尔布特时代的柬埔寨，把城市居民全部赶到农村去务农，结果饿死无数人。历史表明，恶劣的政治环境才是粮食安全的最大威胁，城市扩展并不是造成粮食危机的根源。好的政治环境，能够充分发展生产力；没有好的政治环境，有很多耕地也会让老百姓挨饿受饥。对于粮食危机，解决的办法是很多的：①可以通过减少烟、酒、茶等嗜好品的消费来解决，这些嗜好品对人类生存没有多大实际意义，却占据了我国相当大的耕地面积。据国家烟草专卖局统计，2011年全国落实了2118万亩的烟草种植面积，而2010年，全国的城市居民居住用地面积仅1434.45万亩，也就是说，全国城市用地面积仅为烟草种植面积的67.7%。②现代世界是一体的，经济上相互交往，自然资源相互贸易，新加坡、日本、韩国等城市化发达、耕地极其缺乏的国家都能解决粮食问题，更何况我国地大物博，各省份之间有很大的可以周转调剂的余地。③中国随着城市化的完成，建设占用土地就会显著减少，农村废弃的旧路和旧宅基地如果复垦，都是未来的后备耕地资源。④从长远考虑，发展科学技术是解决粮食问题的根本办法。比如，通过育种提高农作物产量，农用地立体利用，白色（微生物）农业，蓝色（海洋）农业，还有科学家在研究利用城市里的高楼大厦发展垂直农场，等等。当然，长远来讲，改造沙漠和盐碱地，甚至移民外星球才是解决人口不断增长问题的根本办法。这些都要靠科学技术发展来解决，而不是靠限制城市发展这样削足适履的办法。科学技术的发展使有限的土地能养活更多的人口，现在的科学技术能养活现在的人口，未来的人口由未来的科学技术养活，就如恩格斯所说："科学发展的速度至少也是和人口增长的速度一样的。"[①]

5. 促进社会生产效率的提高，加快经济增长，提高城市化水平

我国几十年改革开放取得的高速经济增长成果，根本原因在于劳动力资源的释放和土地资源的释放。巨大的劳动力资源与巨大的土地资源投入创造了我国现在经济的繁荣。虽然城市扩展的效益在学术界还没有形成一致的意见，但客观上城市的扩展使得原来在农业中低效使用的土地资源、劳动力资源转移到了城市工商业或者其他效率比较高的行业，资源从低附加值的产业不断转向高附加值的产业，使得资源得到高效地利用，从而提高社会的整体生产效率，提高工资水平，拉动消费，促进经济高速增长。在今后很长一段时间内，我国在国际市场的竞争力仍然来源于丰富的劳动力资源和土地资源。我国如果不加快城市建成区扩展，即加大土地资源的供给，就不能充分发挥我国的劳动力资源丰富的优势。

（1）城市建成区扩展为城市工商业等高效率行业预留了大量土地资源，保障了我国未来几十年的长期经济发展问题。土地是经典经济学理论中的三大生产要素之一，经济学家 Nordhaus 和 Romer 等先后将土地纳入经济腾飞的要素。因为城市土地的充分供应，吸引了国内外投资项目落地，促进了第二、

---

① 中共中央马克思恩格斯列宁斯大林著作编译局：《马克思恩格斯全集》（第1卷），北京：人民出版社，1956年版，第621页。

第三产业的发展，加速了我国产业结构调整的步伐。同时，政府通过建成区扩展带动土地开发，进而获取更大的土地增值和土地收益，从而有实力进一步建设基础设施，改善城市环境，推动房地产，增强投资的吸引力，使得城市进入良性的可持续发展轨道。城市扩展是我国拉动投资的重要基础，而投资是促进经济增长的主要因素，我国要保持经济增长还需要更多的土地投入。中国对土地指标一向严格把控，这对地方来讲是最大的约束。没有土地指标，任何项目都不能落地。很多沿海城市土地供应不足，严重影响了当地经济的持续发展（黄祖辉和汪晖，2002）。夏南凯（2003）认为城市扩展是振兴经济的重要举措，它拉动了城市基础设施的增长，基础设施是城市经济增长的引导，基础设施存量每增长1%，GDP就增长1%。城市变大了，相应的功能、配套就上去了。在一定的尺度里，城市越大，集聚效应就越强。城市越大，土地、基础设施和公共设施的利用效率就越高，建设用地越省，资金、人才、信息等集聚效应越强。城市里人口众多，厂商云集，他们共同分享着这些基础设施，降低了使用成本，提高了资源的利用率，同时有利于环境污染的集中处理。在城市里，产业间会形成产业链，于是就业机会增加、消费增多。城市规模大，经济主体间的交往多，就促进了金融市场的发展，各大行业间的互动多，就提高了经济效益。城市规模小，对较大的投资和较高技术含量的产业吸引力相对有限，资源利用效率也比较低，难以形成产业集群。

（2）城市扩展为农村劳动力转移提供了足够的工作生活空间，使大量的农村劳动力转移到了生产效率更高的第二、第三产业，促进了劳动分工，既提高了社会生产率，又加快了我国的城市化步伐。城市化是解决我国经济深层次结构矛盾的非常重要的一个途径。提高城市化水平，发挥劳动力资源优势，消除经济增长瓶颈，这是中国必走之路。城市扩展，拉动了基础设施建设，创造了大量的新工作机会，吸引了农村人口就业，进而逐步实现城市化。城市化对相关产业的拉动和对国内有效需求的拉动，具有无与伦比的优势。城市化可以进一步扩大国内投资需求，通过人群集聚，提高服务需求和消费趋向。所以，推进城市化是扩大国内消费市场的最有效途径。世界城市发展经验表明，当大城市有更有效的劳动力市场时，大城市的劳动生产率比小城市高。经济学的基本理论表明，不同产业间相互的关联效应和产业本身的集聚效应，促使形成外部规模经济和外部范围经济，由此而产生了产业的聚集经济。恩格斯说过，"250万人集中于伦敦，使每个人的力量增加了100倍"[①]，这指的就是城市的规模效应。可以这样概括地说，城市的诞生，体现了人口、资金和资源的相对集中，适应了社会化大生产的基本要求，带来了显著的集聚效应和规模效应。产业的集聚促进了人口的集中，在需求的指向下，以服务社会为目标形成的第三产业，甚至一些与聚集经济无关的产业随之也聚集于城市，城市聚集经济逐步形成。我国目前正在推进经济增长方式的转换，本质上就是要提高服务业在三次产业中的比重，那么就应该扩展城市，这是拉动内需、带动相关产业发展的重要举措。虽然我国要求经济结构转型升级已经好多年，但为什么我国企业迟迟不能完成产业升级？其一，中国的主流消费群体并无足够的购买力，消费多集中于低端产品。其二，中国的劳动力素质跟不上，20世纪80年代以前出生的劳动力由于历史原因，受教育程度普遍偏低，文化知识技能欠缺，难以适应产业的升级换代。所以，中国大多数地区还是以比较低等的劳动密集型产业为主。其三，城市化水平低，也影响了我国产业升级。我国需要加快城市扩展来给城市化打下物质基础。在未来外需增长空间不大的情况下，中国经济增长动力要转向内需。通过大力发展城市化，一方面，可以进一步加强基础设施建设，扩大国内投资需求；另一方面，劳动分工是经济发展和增长的原动力，通过人群集聚，提高服务效率和扩大消费需求，发展第三产业，促进劳动分工，对经济增长有重要的意义。所以，一些地区不能不顾实际，盲目地将产业从劳动密集型转向科技密集型或资金密集型，尤其是我国的中西部还得靠劳动密集型产业发展经济，靠城市扩展拉动投资建设，吸引更多农民进城，提高城市化水平，拉动消费，解决产能过剩问题，使经济保持快速增长。

6.城市居民的生活休闲空间得到改善

长期以来，我国城市化进程缓慢，无论是道路交通等基础设施还是城市住宅都极其匮乏，远远落后于居民的社会需求。特别是在20世纪80年代以前，城市扩展非常缓慢，中国的很多城市家庭都是几代人拥挤在狭小的房子里，被迫忍受狭小局促的房屋，街道狭小而脏乱，交通拥挤。如今，城市扩展之后，街道变宽了很多，干净了很多，居住环境得到了极大改善。未来几

---

① 中共中央马克思恩格斯列宁斯大林著作编译局：《马克思恩格斯全集》（第2卷），北京：人民出版社，1972年版，第303页。

十年，我国还需要转移几亿农业人口到城市，城市扩展必须要超前发展，总不能等到人口拥挤在狭小的城市空间里，实在无法忍受了才扩展。应该站在国家发展的宏观全局，结合当前社会的主要矛盾和国情来分析城市扩展，这才是科学的辩证的态度。为了转移农村人口，城市必须增加大量的住宅用地、基础设施用地、公共设施用地及产业用地等，以满足日益增加的城市人口对工作、生活和休闲空间的需求，这是城市化带来的刚性需求。我国现在的投资环境方面较东南亚或南亚地区有优势，其中最重要的就是城市基础设施相对完善，这是我国城市发展的结果。尽管很多人指责城市扩展侵占了很多耕地，但拥有宽敞的工作生活空间和良好的通风采光条件仍然是很多人梦寐以求的。普通群众也有改善住房条件的渴望，政府有责任尽量满足他们的这种愿望。事实上，随着科学技术的发展和社会的进步，交通工具不断增多，人类的活动范围扩大，以及人类对生活居住空间和工作空间的要求提高，对休闲娱乐空间有更高的要求，客观上要求城市不断扩展以适应人们不断增长的需求，有力地促进社会矛盾的化解。悬殊的城乡差距，使得大量农村人口涌入城市，城市必须扩展，为涌入城市的新移民提供工作、居住、生活的空间。城市化的一个核心要求就是使来到城市的外来人口有房住，这是就业、安家的基本条件。

7. 有利于科学文化教育的发展，促进各民族交流，维护社会稳定

城市是相对于乡村而言的，是人类文明进步的结晶，是文化和知识技术发展的核心地区。人类历史表明，重大科学发现及发明都是在城市产生的。城市是教育、科技、文化中心，是创新的源地，城市产生了各种新技术、新思想、新观念、新发明，推动社会进步。随着城市的发展，科学技术也迅猛发展，劳动生产率迅速提高，促进了经济增长，人民生活水平改善，维护了社会稳定。可以说，城市化水平的高低，反映了一个国家的经济发展水平和文明程度（夏南凯，2003）。

城市越大，各种资源利用越充分，集聚效应越高，文明程度越高，这有利于文化、科学、技术的创新，有利于教育的发展，从而促进各民族交流，维护社会稳定。第一，各类人才集聚在一起，互相交流，有利于新思想、新技术、新发明和新文化的产生。第二，通过大学的扩招促进少数民族子女分散到全国各地接受现代科学民主教育，加强了各民族交流融合，有助于弱化

民族意识，化解民族矛盾；反之，封闭自我，没有沟通交流，就不会有彼此之间的信任，隔阂就不会消除，民族矛盾就难以化解。第三，少数民族子女接受现代的科学民主教育，有利于拓宽少数民族的视野，提高他们的生活水平，缩小民族间的差距。第四，城市化有利于普及教育、科学和文化，有利于科学技术的发明与传播，提高全民族文明素质，从而为工业化的发展提供大量的具有现代工业素质和技术知识的劳动力及良好的技术创新条件，形成推动工业化的强大力量，加速我国城市化进程，有利于西部农村人口向中心城市和经济发达城市流动，有利于少数民族子女到全国各城市就业，逐步减少少数民族地区的聚居人数，这对于促进各民族交流，减轻少数民族地区的维稳压力，保证社会和谐发展起到不可估量的作用。少数民族聚居在农村，容易形成落后的封建宗族观念，不易化解和其他民族的矛盾。第五，通过城市的快速扩展，扩大城市规模，充分发挥城市对农村的带动、辐射功能，促进社会整体文明的提高，促进民族融合，维护社会稳定。

　　人的欲望是随着社会的发展而增长的。对发展的追求，说到底就是对更好的生活的追求。发展是无限的，人类的欲望也是无限的。科学技术是第一生产力，只有科学技术发展了，社会整体生产力才会得到快速提高，才能不断满足人们日益增长的需求。只有利用科学技术才能不断开拓新资源，提高资源的利用效率。发展中出现问题是不可避免的，关键是提高解决问题的能力，这就需要提高科技水平，这才是解决问题的关键。科学技术发展了，可以把以前人类认为不能利用的东西变成有用的资源，可以发现更多的可利用资源，提高城市综合承载能力。例如，建筑技术和给排水技术的发展，使几十层甚至上百层的高楼大厦成为现实，人口的空间密集度得到极大提高；如果城市主要交通工具是人力车或者马车，那么城市的人口容量当然有限，但是轻轨、地铁网和公路网的建设，使城市的食品等物资的运输大为改观，从而城市人口容量就可以提高很多；如果城市的能源靠的是柴，那么一个10万人的城市的生态问题就已经很严重，但是改用煤炭的话，城市的人口容量将提高几倍，而用液化气和电的话，城市的人口容量又可以提高很多。在我国，市场的力量在顽强地推动城市化进程，而主流的话语口径却一直在试图以基础设施、资源和环境承载力为由控制人口数量和城市化进程（童大焕，2011）。其实，基础设施方面，城市集中解决比农村分散解决容易多了。

5.2.2 城市扩展的生态环境效应

生态环境效应包括很多内容，一般来说，一个地区的生态环境质量好坏或高低在很大程度上是由绿地、水体和热三个方面决定的。其中，绿地和水体的变化受人类的直接影响较大，而热主要受自然地理的影响。一般来说，可以通过绿化覆盖率、人均绿地面积、水体百分比和热岛效应强度等能从遥感影像上定量获取的指标来进行生态环境效应评价。绿化覆盖率和人均绿地面积是衡量城市绿地系统建设和发展水平最核心和最重要的指标，与生态环境质量呈高度正相关，水体百分比与生态环境质量可以是正相关，也可以是负相关，如果水体污染严重就是负相关，如果水体清洁就是正相关。因为水体对城市热岛效应的缓解具有重要的正面效应，所以水体对城市环境的效应可以在一定程度上通过热岛效应强度得到体现。综上分析，考虑到评价指标的代表性、综合性和可操作性，本书选择了绿化覆盖率、人均绿地面积和城市热岛效应强度三个指标对城市建成区的生态环境质量进行定量评价。下面以杭州、合肥和贵阳为例，通过绿化覆盖率、人均绿地面积和城市热岛效应强度的变化来定量分析城市建成区扩展对生态环境的影响。

1. 研究区绿地变化比较

从图3.28、图3.29可以看出，总体上，自1990年起，杭州、合肥和贵阳的城市建成区绿化覆盖率和人均绿地面积均随着城市建成区扩展而不断提高，特别是2000年之后，提高尤为显著，这反映了城市生态环境改善的力度在加强。

从第3章的研究结果可以看出，就人均绿地面积来说，在1993年之前，东中西部人均绿地面积不超过18.18平方米，随后在2000年、2005年和2009年人均绿地面积都持续增加，到2009年三个城市人均绿地面积都不低于33.97平方米，东部的杭州甚至达到63.33平方米，与1991年相比，增幅超过337%。就绿化覆盖率来说，在1993年之前，东中西部绿化覆盖率均不超过21.95%，随后在2000年、2005年和2009年都持续上升，到2009年都不低于32.74%，东部的杭州甚至达到了43.39%。

以上分析结果反映了我国城市生态环境的建设水平在不断提高。在20世纪90年代以前，由于长期受计划经济的影响，我国在城市建设中普遍存在重视生产性用地、忽视居住环境用地的倾向，导致生产性用地（工业、仓储用地）比例太高，而环境用地（绿地）比例太低。20世纪90年代以后，随着经济的发展，人们意识到生态环境的重要性，对生活环境的要求越来越高，逐渐加大城市绿地建设，城市生态化的步伐明显加快。

2. 研究区热岛效应强度变化比较

热岛效应是全球普遍关注的城市环境问题，它是因地表变化而引起小气候变化的综合现象。目前研究城市热岛效应的主流方法有两种：一种方法是利用NOAA AVHRR的第4通道（10.5～11.3微米）、第5通道（11.5～12.5微米）来反演地表温度；另一种方法是利用Landsat所携带的TM/ETM+传感器在第6波段所获取的热红外图像来反演地表温度（张勇等，2006）。因为Landsat TM/ETM+第6波段接收的是与地表温度高低相对应的热红外辐射强度，直接对原始遥感大数据做简单的预处理就可以得到有实用价值的分析结果，这成为研究城市热岛效应的一个快速有效的手段，所以，本书选择第二种方法来反演研究区的地表温度，对城市宏观热场特征进行检测和分析，从而完成城市扩展的热岛效应定量化分析。由于受数据质量的限制，在综合分析处理研究区遥感大数据的基础上，本书只选取了研究区温度反演效果较好的影像（时相与前几章的一致）来研究城市热环境的时空演变。虽然成像时间不同，地表温度的绝对值往往不具有可比性，但是不影响城市热环境特征和城市热岛范围的比较研究。

虽然通过对第6波段所接收到的地面各处热辐射值运用单窗算法可以算出对应的地表温度，但是因为卫星在接收地面热红外辐射过程中受到了大气和地表等诸多复杂因素的干扰，其准确的温度反演十分复杂。由于城市热岛研究注重的是地表温度相对强弱的空间分布特点及相对变化，因此算法的精度也没有必要进行验证。地表温度的遥感反演具体方法如下。

首先，将经过校正的卫星影像DN值（灰度值）转换为光谱辐射值，公式如下

$$L_\lambda = G \times DN + B \tag{5.1}$$

式中，L_λ为光谱辐射值，DN为像元灰度值，无量纲，取值范围为0～255；G和B分别为增益和偏移值（表5.1）。然后，将光谱辐射值转换成大气顶层的亮温温度，公式如下

$$T_B = \frac{K_2}{\ln(\frac{K_1}{L_\lambda}+1)}$$

(5.2)

式中，T_B 为像元的亮温温度，K_1、K_2 为定标常数（表 5.1）。亮温温度把地表类型均看作是黑体，然而实际地表没有真正的黑体存在，因此需要进行比辐射率校正，从而得到地表温度。亮温温度（T_B）转换成地表温度（T_s）的公示如下

$$T_S = \frac{T_B}{1+(\lambda \times \frac{T_B}{\rho})\ln\varepsilon}$$

(5.3)

式中，T_S 表示地表温度，λ 为热红外波段的中心波长，ε 为地表比辐射率，$\rho = 1.438 \times 10^{-2}$（米·开），比辐射率值 ε 根据土地利用分类类型获得，根据覃志豪等（2004）给出的数据，赋予水体的比辐射率值为 0.995，植被的比辐射率值为 0.986，建设用地的比辐射率值为 0.970。

表 5.1　地表温度遥感反演的参数

项目	G	B	K_1	K_2	λ
TM5 Band6	0.055 376	1.18	1 260.56	607.76	11.435
TM7 Band6	0.037 205	3.16	1 282.71	666.09	11.335

将绝对温度转换为摄氏温度，得

$$t = T - 273.15$$

在 ENVI 和 ArcGIS 软件支持下，通过对研究区的遥感影像进行上述计算，然后对地表温度数据进行整理，去除影像周边空白区域的无效温度值和像元数占总像元数不到 0.1% 的极端地表温度值（多由小面积的厚云朵覆盖的像元或者影像周边的空值、异常值等像元造成，所占比重较小），得到像元百分比大于 0.1% 的温度区间，算出平均温度，在平均温度附近为中温区（以黄褐色表示），其他分别为低温区和高温区，最后裁剪得到研究区城市建成区地表温度分布图（图 5.1～图 5.3）。

从图 5.1 中可以直观地看出，1991～2000 年的 9 年间，杭州城市建成区高温区主要集中分布在市中心，向南部扩展比较明显。杭州市 1991 年城市建成区的高温区段主要分布在建成区中心，萧山区也有部分高温区。2000 年高温区从市中心向西北和南部扩展，滨江区和萧山区存在部分高温区。这主要与杭州市中心是商住密集区，以及 20 世纪 90 年代中期在南部的滨江区建

立了国家级高新技术产业开发区和萧山是传统的工业发达区有着紧密联系。2009 年高温区向杭州北部和东部的下沙经济技术开发区、东南部的萧山区扩展，工业区的繁荣与商住区的发展形成了高温聚集区。

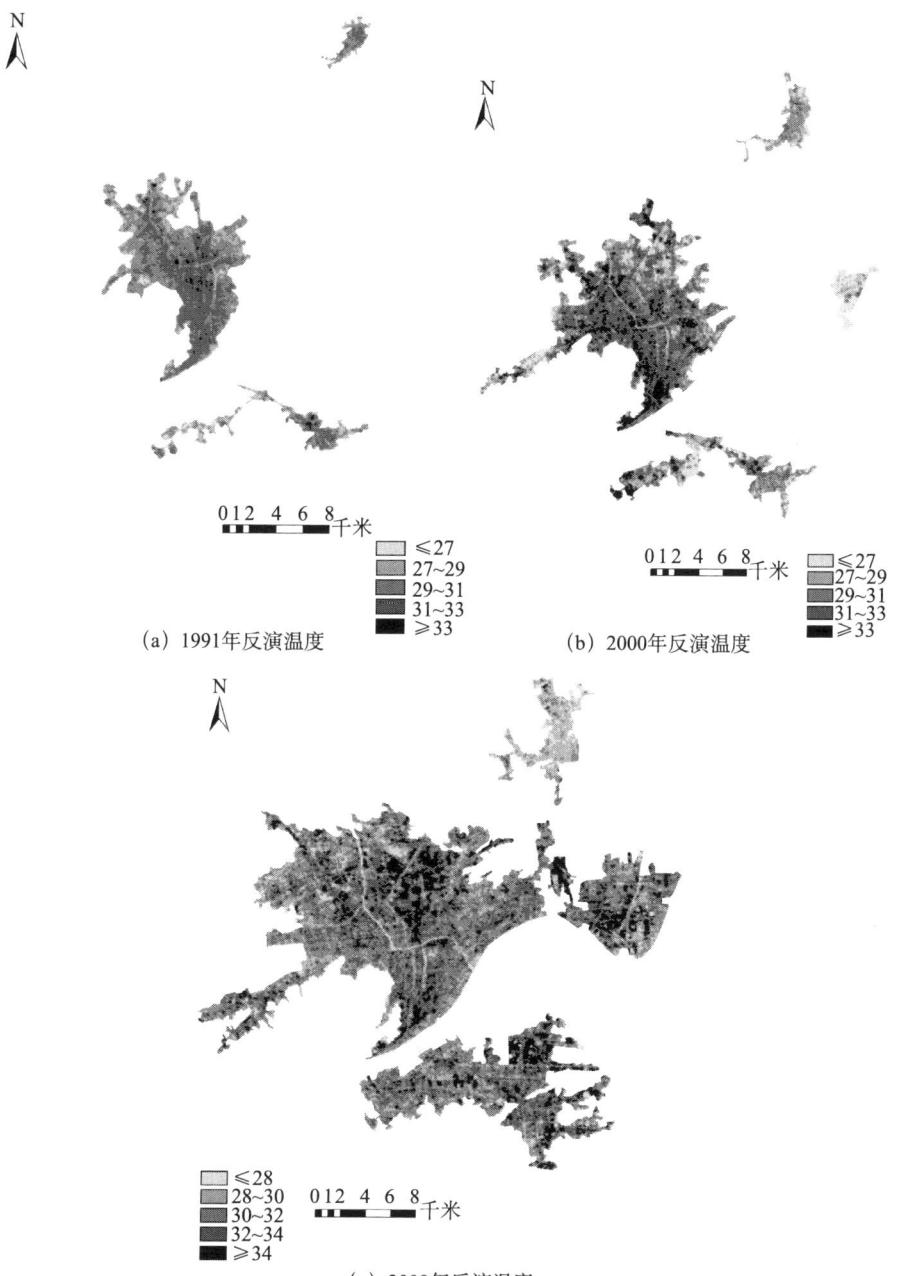

(a) 1991年反演温度

(b) 2000年反演温度

(c) 2009年反演温度

图 5.1 杭州市 1991 年、2000 年和 2009 年地表温度分布图

图中反演温度单位为℃

(a) 1990年反演温度

(b) 2005年反演温度

(c) 2009年反演温度

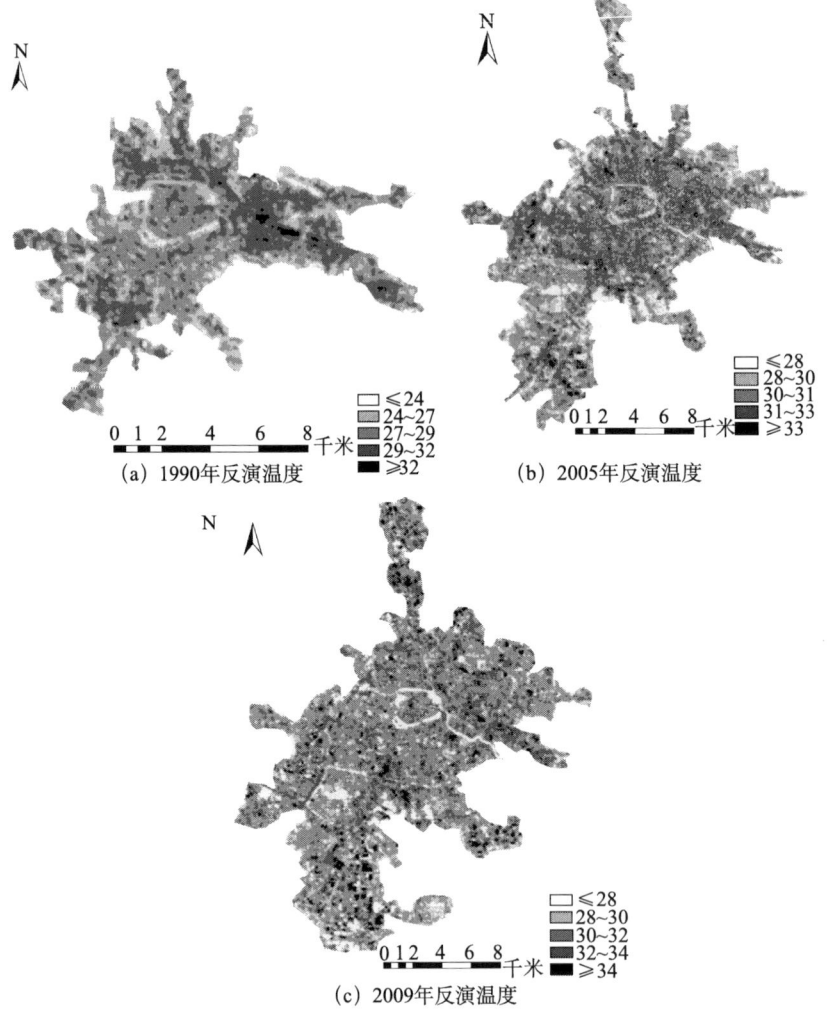

图 5.2 合肥市 1990 年、2005 年和 2009 年地表温度分布图

图中反演温度单位为℃

从图 5.2 中可以直观地看出，1990～2009 年的 19 年间，合肥市高温区分布呈逐渐分散的格局，但向西南部扩展比较明显。合肥市 1990 年城市建成区的高温区段主要分布在建成区东部。2005 年高温区段虽然总体上分布较为分散，但西南部略多。2009 年高温区段分布较为均匀，但在建成区的西南部、东部和北部仍显集中。这主要与合肥市 20 世纪 90 年代中期在西南部建立了国家级高新技术产业开发区和在北部建立了省级开发区——新站综合开发试验区有着紧密联系，工业区的兴起与发展形成了高温聚集区。

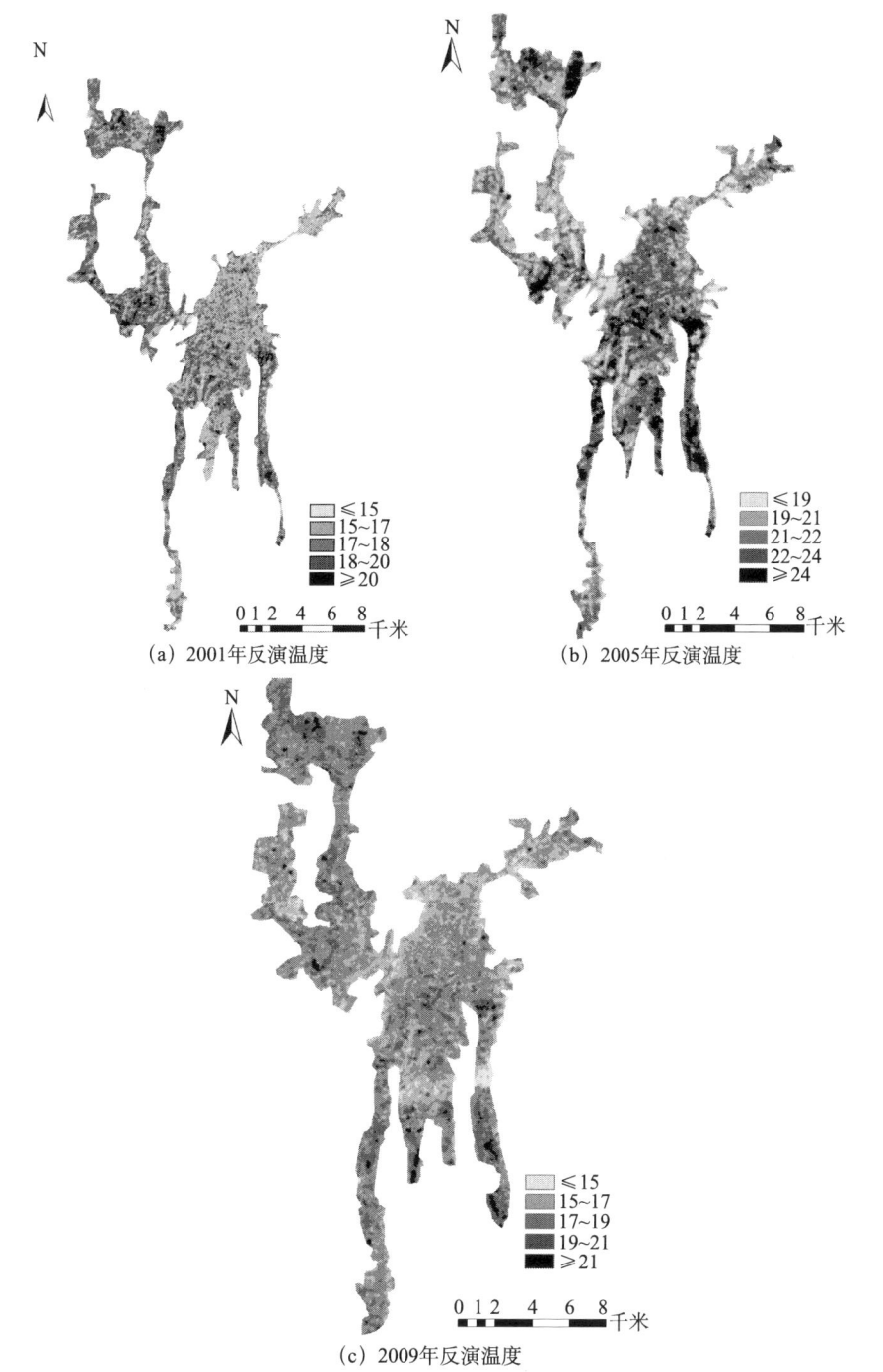

图 5.3 贵阳市 2001 年、2005 年和 2009 年地表温度分布图
图中反演温度单位为℃

从图 5.3 可以看出贵阳市 2001 年城市建成区的高温区段主要分布在建成区西部和西北部。2005 年高温区段主要集中在建成区的南部。2009 年高温区段呈零星分布，但以西北部和南部分布略多。因为西北部建立了贵阳国家级高新技术产业开发区，南部建立了贵阳小河国家级经济技术开发区，所以形成了高温聚集区。

利用第 3 章的建成区土地覆盖分类图和相应的地表温度分布图叠加比较可以发现三个城市的共同点，即建设用地温度最高，绿地其次，水体最低。建设用地因由混凝土、砖瓦、沥青等物质组成，其比热小，随着太阳的直射，温度升得较快，故地表温度较高。绿地由于光合作用能把部分光能转换为化学能储存起来，加上植物蒸腾作用的影响，所以地表温度较低。水体因其比热大，且具有很强的蒸发能力，故温度最低。通过与土地利用现状图叠加对比发现，高温区主要分布在人口密集、能耗大的工业区，以及铁路货场和车站，还有部分在商业住宅密集区。这些地方主要是由金属、沥青、水泥等比热小的材料构成的，而且人口密度相对较大，人为活动频繁，热排放较多，故形成了高温区。三个城市不同之处：由于合肥在城市建成区中心建了几个较大的公园绿地和水体，所以城市中心形成了几个明显的低温中心，如杏花公园、包公园、南淝河、包河和银河等，形成了热表面包围的低温谷地。而西部的贵阳城市建成区中心由于是商住中心，绿地和水体不多，所以市中心低温不明显。

为了明显地反映出城市建成区的热岛现象，可以利用基于遥感反演的地表真实温度的城市热场变异指数来定量分析城市热岛效应（张勇等，2006）。城市热场变异指数定义为某点地表温度与研究区域平均地表温度的差值同研究区域平均地表温度之比，用公式表达如下

$$\text{HI}(T) = (T - T_m) / T_m$$

式中，HI（T）为城市热场变异指数，用来表征该点的热场变异情况；T 为城市某点的遥感反演地表温度；T_m 为城市研究区域的平均地表温度。

为了较为直观地表征城市热场变异情况，采用阈值法将城市热场变异指数分为 6 级，以作为环境管理部门评价城市环境质量的一个生态指标。该生态指标的阈值划分及对应的生态环境意义见表 5.2。

表 5.2　生态评价指标的阈值划分

热场变异指数	热岛效应程度	生态评价
≤0	无	优
0.000～0.005	弱	良
0.005～0.010	中	一般
0.010～0.015	较强	较差
0.015～0.020	强	差
≥0.020	极强	极差

利用研究区的反演地表温度，分别计算城市热场变异指数，并做出城市热岛效应生态评价分级示意图（图 5.4～图 5.12）。为了更进一步研究城市热岛效应，引入城市热岛比例指数（urban-heat-island ratio index, URI）来表征城市建成区热岛的影响程度。城市热岛比例指数即城市热岛面积与建成区面积的比例，指数值越大，热岛效应越严重（Oke，1973）。计算结果如表 5.3 所示。

表 5.3　研究区的城市热岛变化

城市	年份	热岛效应区域面积/平方千米	热岛比例指数/%	较强—极强热岛区域面积/平方千米	较强—极强热岛区域占建成区的比例/%
杭州	1991	53.33	56.84	44.80	47.75
	2000	98.69	52.87	84.01	45.00
	2009	218.57	52.52	179.68	43.18
合肥	1990	48.27	61.66	39.36	50.28
	2005	129.43	61.84	99.19	47.39
	2009	133.1	48.31	132.25	48.01
贵阳	2001	58.22	53.31	47.8	43.77
	2005	65.62	50.59	49.94	38.51
	2009	71.83	43.68	71.72	43.62

从表 5.3 可知，从时间尺度上来分析，在 1990～2009 年的 19 年间，东中西部三个城市随着城市的扩展，建成区内的热岛面积都在不断增大，但总体上热岛比例指数在减小，这基本上和建设用地比例的变化趋势一致。此外，较强—极强的热岛区域（热场变异指数≥0.010）占建成区比例也在减小，这些说明了建成区的生态环境在向好的趋势发展。从区域的角度看，杭州的

热岛比例指数从1991年的56.84%降低到2009年的52.52%，其中，较强—极强的热岛区域面积占建成区的比例从1991年的47.75%降低到2009年的43.18%，降低了4.57%。合肥热岛比例指数从1990年的61.66%降低到2009年的48.31%，其中，较强—极强的热岛区域面积占建成区的比例从1990年的50.28%降低到2009年的48.01%，降低了2.27%。贵阳热岛比例指数从2001年的53.31%降低到2009年的43.68%，其中，较强—极强的热岛区域面积占建成区的比例从2001年的43.77%降低到2009年的43.62%，降低了0.15%。一般来说，较强—极强的热岛区域对应的城市下垫面是人口密集、能耗大的工业区，以及铁路货场、车站和商业住宅密集区，由于人口密度相对较大，人为活动频繁，热排放较多，形成了高温区，生态环境较差。总体上看，杭州较强—极强的热岛区域面积占比减少最显著，合肥次之，贵阳最小。这反映了杭州绿化建设的力度最大，合肥次之，贵阳最小。虽然城市建成区热岛总面积在不断增加，但是绿岛面积的增加更大，这在一定程度上减缓了城市热岛效应。

从图5.4～图5.12可以直观看出，热岛效应区域是随着建成区扩展而不断向外延伸，其分布位置和城市扩展在空间上呈现出高度一致性。随着城市扩展，建设用地相应扩展，工厂和城市人口也相应增加，导致热能大量排放，此外，城市扩展也不利于与周边农村的热交换，导致城市热量聚集，从而促使整个建成区的热量大幅度增加，加剧了城市热岛效应，因此，城市扩展是造成热岛效应最直接的因素。

从图5.4～图5.6可以直观看到，1991～2009年的18年间，杭州城市建成区热岛区域总体上从市中心向周边扩展，后期主要向城东南的萧山区、城北的拱墅区和城东的下沙经济技术开发区集中。1991年杭州市城市建成区的热岛区域主要分布在建成区中心。2000年热岛区域从市中心主要向西北和南部扩展。2009年的热岛区域主要分布在北面的拱墅区、东面的下沙经济技术开发区和东南面的萧山区。这与杭州商住密集区和工业区的分布有着紧密联系。

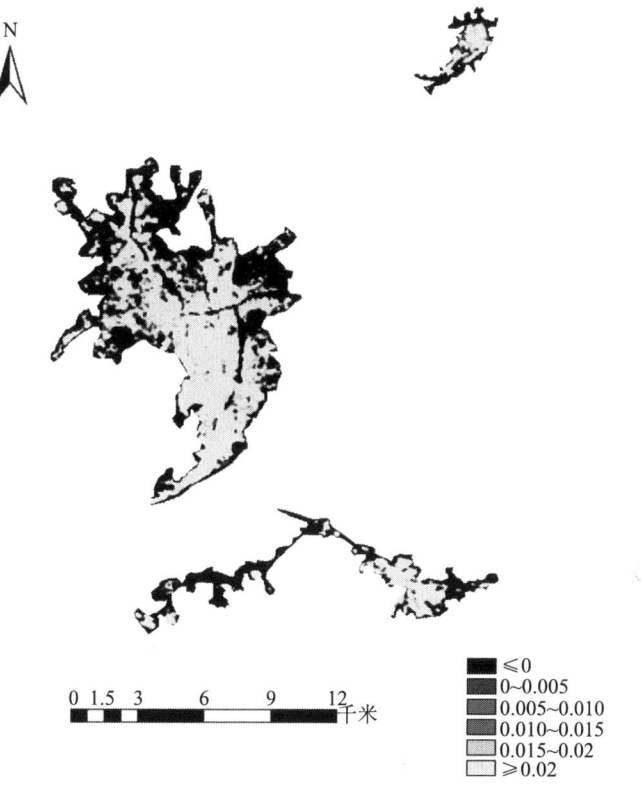

图 5.4　杭州市 1991 年热岛效应生态评价分级（热场变异指数）示意图

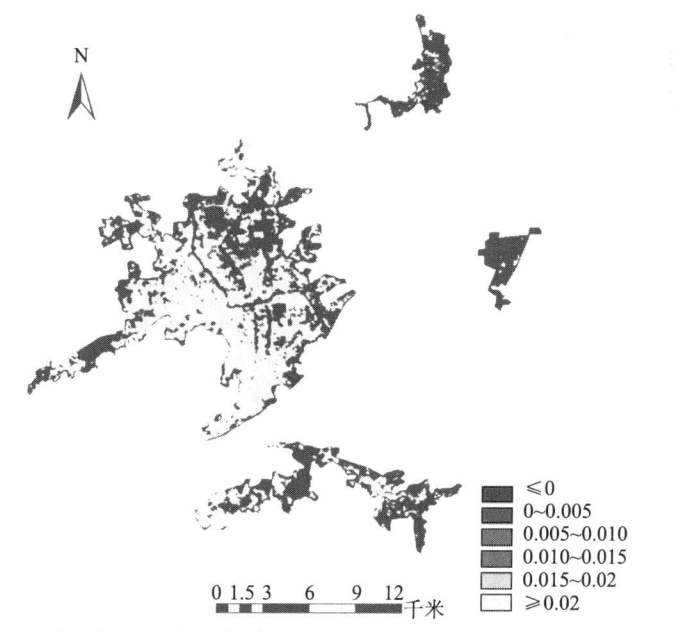

图 5.5　杭州市 2000 年热岛效应生态评价分级（热场变异指数）示意图

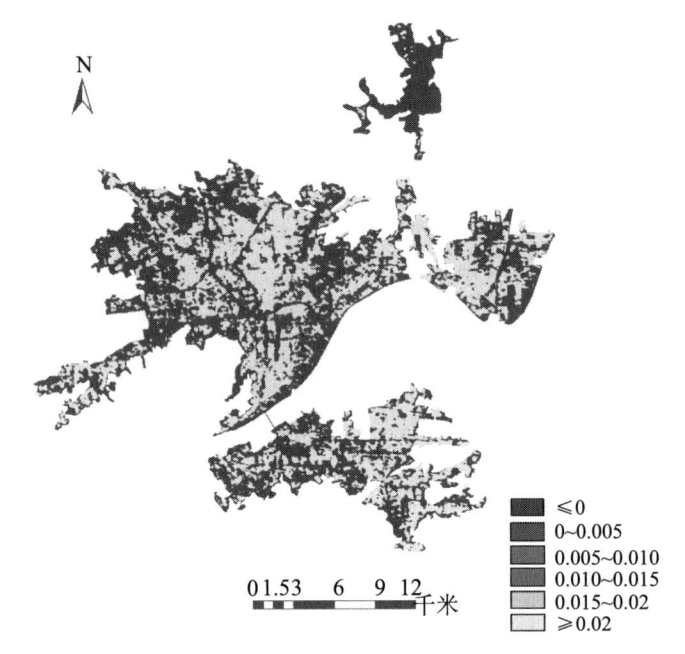

图 5.6 杭州市 2009 年热岛效应生态评价分级（热场变异指数）示意图

从图 5.7～图 5.9 可以看出，合肥市热岛区域总体上分布较为分散，但后期在西南部的经济技术开发区和北部的新站综合开发试验区分布稍多，1990～2009 年的 19 年间，虽然合肥城市建成区热岛区域呈逐渐分散的分布格局，但向西南部扩展比较明显。1990 年合肥城市建成区热岛区域主要分布在建成区东部，2005 年虽然总体上分布较为分散，但西南部略多，2009 年总体分布较为均匀，但建成区西南部、东部和北部仍显集中。这主要与合肥市 20 世纪 90 年代中期在西部建立了国家级高新技术产业开发区和在北部建立了省级开发区——新站综合开发试验区有着紧密联系。

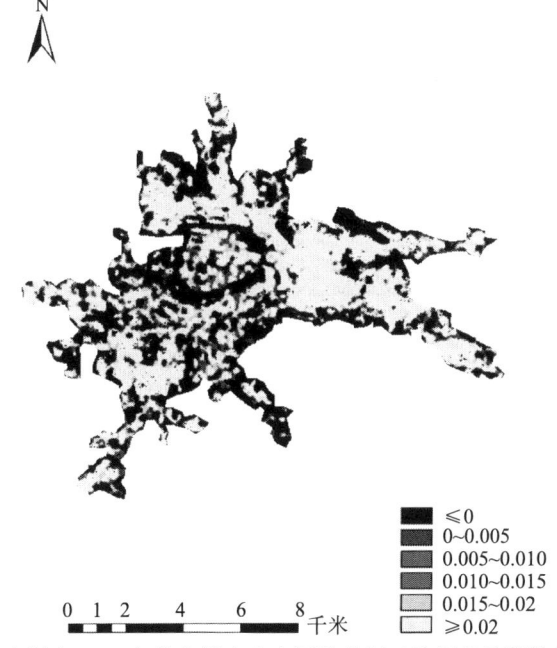

图 5.7 合肥市 1990 年热岛效应生态评价分级（热场变异指数）示意图

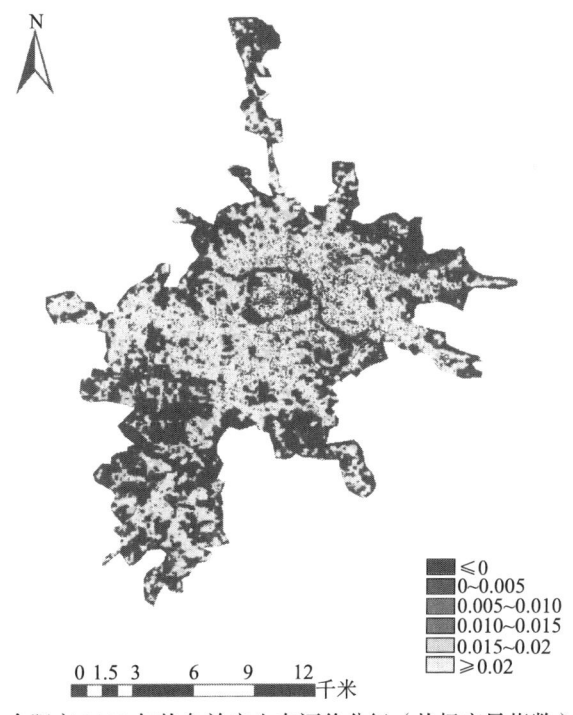

图 5.8 合肥市 2005 年热岛效应生态评价分级（热场变异指数）示意图

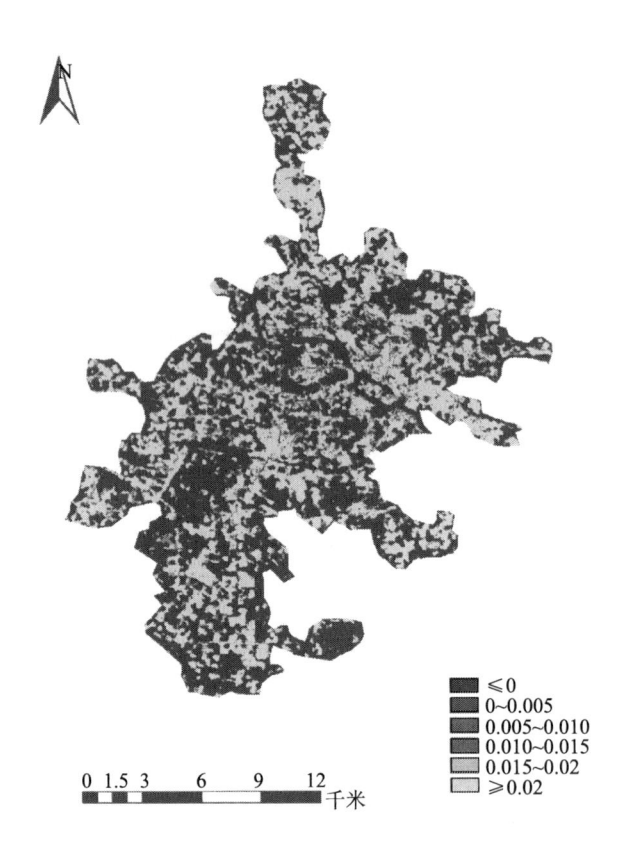

图 5.9 合肥市 2009 年热岛效应生态评价分级（热场变异指数）示意图

从图 5.10～图 5.12 可以看出，2001～2009 年，贵阳市热岛区域主要集中在南部的小河经济技术开发区、西北角的白云铝工业基地、市中心的商住密集区，以及市中心到花溪区的公路沿线。2001 年贵阳市城市建成区的热岛区域主要分布在建成区西部和西北部，2005 年热岛区域向建成区的南部扩展，2009 年热岛区域趋于分散，但以西北部和南部分布略多。这与西北部建立了贵阳国家级高新技术产业开发区和南部建立了贵阳国家级经济技术开发区有紧密联系。

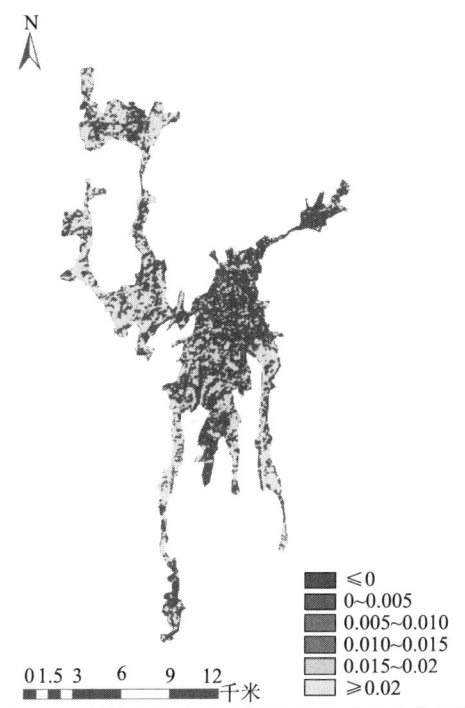

图 5.10 贵阳市 2001 年热岛效应生态评价分级（热场变异指数）示意图

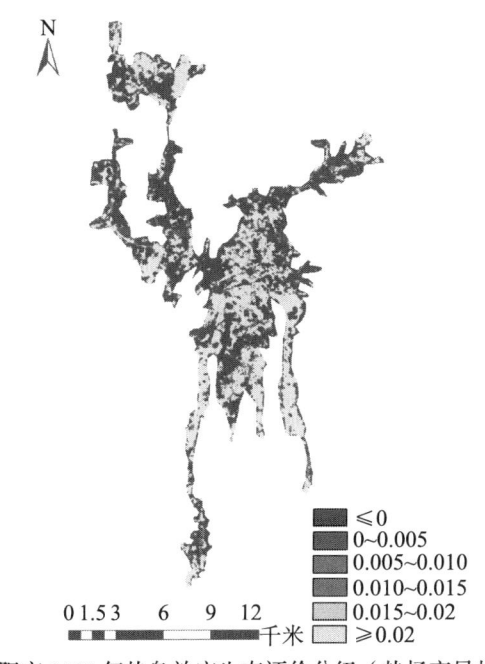

图 5.11 贵阳市 2005 年热岛效应生态评价分级（热场变异指数）示意图

图 5.12 贵阳市 2009 年热岛效应生态评价分级（热场变异指数）示意图

综上分析，城市热岛效应与城市建成区的扩展有着紧密联系，东中西部城市热环境变化呈现出最为明显的三个特征：一是随着城市建成区扩展，城市热岛区域在逐渐扩大，虽然受到城市发展布局和城市扩展方向的影响，城市热岛区域在空间上表现出不对称性，但热岛区域分布与城市扩展在时空上基本一致；二是随着建成区的扩展，热岛比例指数呈下降趋势；三是城市热岛区域在建成区内的分布从过去高度集中于城市的某个区域到近期的相对分散。

一般来说，城市建成区内，建设用地地表温度较高，绿地和水体地表温度较低。建设用地因由混凝土、砖瓦、沥青等物质组成，其比热小，随着太阳的直射，温度升得较快，故地表温度较高。绿地由于光合作用能把部分光能转换为化学能储存起来，加上植物蒸腾作用的影响，所以地表温度较低。水体因其比热大，且具有很强的蒸发能力，故地表温度也较低。绿地和水体的存在，对城市热环境的改善具有重要的意义。因此，城市规划者通过对绿地的科学规划和对水体的保护，可以有效改变局部地表温度格局，缓解城市热环境强度。东中西部目标城市热环境趋势变好的分析结果表明，东中西部城市环境整治取得了显著效果，城市生态化步伐明显加快。

对绿化覆盖率、人均绿地面积和热岛比例指数的分析说明我国愈来愈重视城市建成区生态环境的改善，城市在向生态化趋势发展。东部的杭州由于经济高度发达，对生态环境改善的投入更多，所以人均绿地面积增加比中西部明显，绿地不光有降温功能，还有减少空气污染、释放氧气的功能。这使我们有理由相信，只要增强环保意识，重视城市绿地建设，城市建成区的环境质量不仅不会恶化，反而会逐步得到改善和提高，会朝着好的方向发展，居民的居住、生活环境会愈来愈好，这也是发达国家大城市的用地结构发展趋势——提高绿化用地。1972年在瑞典斯德哥尔摩召开了联合国人类环境会议后，欧美等西方发达国家和地区掀起了"绿色城市"运动。1990年，大卫·高尔敦出版了《绿色城市》一书，探讨了城市空间的生态化途径。

以上的定量分析说明城市扩展并没有必然导致城市生态环境恶化，但为什么常常有人把环境恶化、物种灭绝和缺水等都归于城市化的恶果呢？这里有几方面的原因。

第一，在20世纪80~90年代，随着涌入城市的人口逐渐增多，城市环境确实比较糟糕，脏乱差现象普遍存在，各种各样的怪味随处可闻，那主要是我们的城市管理水平没有跟上社会的发展所致。当时的粗放式发展模式没有注意环境保护，乱排乱放留下的后遗症给人们造成了先入为主的印象。其实这不是城市扩展必然带来的结果，而是管理上的问题，以及技术落后和没钱投入污染治理所造成的。例如，发达国家的城市生态环境就比城市化不发达的非洲国家要好很多。

第二，有人批评城市扩展侵占了生物的生存空间，导致城市生境严重破碎化和岛屿化，一些物种繁殖率降低，甚至灭绝。笔者认为这种说法有待商榷。从哲学的发展观来看，旧事物和新事物是交替发展的。无论人存在与否，自然界的生物都是在不断变化的，既有旧物种的灭亡，又有新物种的诞生。

例如，史前的恐龙等很多生物灭绝了，那是人类的原因吗？显然不是，那时人类还没有诞生，那是优胜劣汰的自然规律。所以，不能把一些物种的灭绝简单归于城市扩展的结果。此外，人有人的生存空间，生物有生物的生存空间，人不可能在城市里和所有的生物一起生存，城市也不可能把所有的生物保持在城市里，只能根据人类的喜好选择一些适应城市空间的生物留在城市里。我们可以通过设置自然保护区，让生物有自由生长的地方，不受人的影响。事实上，人不聚拢到城市而分散到农村去就能保证不侵占耕地、不破坏生态环境吗？显然，把人分散到农村，占据的耕地更多。通过城市化把人集中到城市，可以为生物提供更多的生存空间，减少人类对生物的干扰。从宏观层面来说，城市扩展有利于生态环境的保护，通过城市化把分散居住的人，特别是分布在深山、湖边、湿地等不适宜居住区的居民迁移到城市，可以减少人类对自然的破坏活动，恢复这些地方的自然生态。

第三，随着经济的发展，人们的生活水平提高，欲望也越来越高，这造成了人们对拥挤的"水泥森林"的厌烦，对环境也越来越敏感，所以现在的城市规划都有意识地加大绿地和水体的空间，规划构建了许多公园和绿地等新的人工生态环境，城市生态环境得到有效改善，城市内的公园等绿地上，鸟类等动物也逐渐增多。当然也不能忽视当前城市绿化存在的问题——物种比较单一。绿化用的物种要尽量多样化，避免单一，以增强城市生态环境的稳定性。

第四，20世纪90年代以前，城市面积小，工厂也不多，所以也仅仅影响了一小部分地区，而且，那时通信技术不发达，所以信息传播不开。现在虽然工厂比以前更加注意排污的处理，技术水平也比以前高了很多，但是因为现在社会进步了，人们的要求也随之提高，对环境越来越挑剔，从而造成了人们认为过去的城市环境比现在的好的错觉。

城市不扩展，就无法完成城市化，国家经济、科技、文化水平得不到提高，对环境污染的治理能力也不会提高，那样的情况下环境也未必就好。必须以经济发展为中心，离开了这个中心谈可持续发展，就只是低水平的发展。即便经济发达的欧美等国家和地区都要靠持续的经济发展来解决发展中的问题。只有经济发展了，才有能力进行环境的改善。特别是对于发展中国家或欠发达国家来说，生产力水平的提高、综合国力的增强、人民生活水平的改善等都是以发展为前提的。只有发展才能提高保护环境的科学性和有效性。

当然，发展是有代价的，要发展就要开发和利用自然资源，这是人类繁衍和延续文明的必然要求，也是人类社会发展的需要。发展是以人为本的，它必须满足人的不断增长的需求，也就不可能停止对自然资源的开发利用，发展对自然资源和环境的影响是不可避免的。不能以保护生态环境为借口，就放弃对自然资源的开发利用。要避免单纯为了保护生态环境而限制或停止发展，甚至退回到农业文明时代的极端情况发生。发展和保护是相辅相成的，发展是为了更好地保护，保护是以发展为前提的。当然，也要避免走向另一个极端，即过度污染环境，破坏人类生存的空间。从辩证的角度看，事物总是一分为二的，城市增加了绿地空间，必然会减少建设用地面积，但环境的改善使人生活愉快，有利于提高人们的劳动生产率，并不一定会制约经济的发展。所以，在追求人类利益，寻求工业文明的发展时，一定要爱惜和保护自然资源，充分考虑生态的平衡，保持城市发展的良好环境。要注意经济效益与环境生态的共赢，注意资源的有效利用和保护，注意生态系统的平衡，从而达到人与自然的和谐发展，实现城市的可持续发展。

5.2.3 城市扩展效应的东中西部比较

由于地理位置、政策和经济发展水平等原因，东中西部城市扩展的社会经济效应有着各自的特殊性。

（1）东部城市建成区扩展，有利于形成都市连绵区，扩大城市规模效应。例如，杭州由于处于江浙人口稠密区，与其他城市相距不远，很容易形成都市连绵区，自改革开放以来，制造业的快速发展带动了生产性服务业的崛起，杭州城市建成区得到了迅速扩展，形成了杭嘉湖绍的都市连绵区，形成了城市的人口集聚效应和经济效应，为我国经济持续高速增长提供了巨大引擎。杭州经济发达，有更多资金投入用于改善城市环境，有利于国外资金和先进技术的引进，有利于资本、技术密集型产业和新兴的高新技术产业的集聚，对人才吸引力比较强，科研力量强大，技术较先进，市场发育程度较高，但自然资源短缺，是中国率先进行经济结构转型的试点。东部城市是对外开放的桥头堡，承担着吸收消化国外先进技术和管理经验的重任，也是我国将创新技术和引进技术有计划地向内陆、沿边地区转移扩散的理想基地。

（2）中部城市建成区扩展，增强了城市的综合功能，以满足城市生产、消费、物流和居住要求。中部是我国主要农业区，农业人口比重大。加大城市扩展力度，有利于为农民工创造大量的就业岗位，转移农业人口，充分发挥中部的人力资源优势。中部城市多是区域枢纽，交通发达。加快城市发展，可以促进物流等第三产业的发展，促进产业升级换代。例如，合肥，作为人口和资源相对丰富的中部地区城市，在东部和西部的沟通衔接上发挥枢纽作用，虽然劳动力丰富，但市场发育程度较低，不能盲目进行经济结构调整，而应大力推进城市化，扩展城市，解决劳动力的就业问题，在经济社会的发展中发挥综合效应。

（3）西部城市建成区扩展，有利于做大区域城市中心，提升城市辐射力，带动周围广大腹地发展，吸纳过剩的劳动力资源，发挥资源优势，促进各民族交流，化解民族矛盾。西部由于地广人稀，城市间相距较远，不易形成都市连绵区。而且西部多是重要的水源保护地，需要城市的发展把水源保护地的居民集中到城市并解决就业问题，以减少对水资源的破坏。但贵阳有个特殊情况，国家批准建立贵安新区，使得贵阳、贵安新区和安顺之间很容易形成都市连绵区。贵阳长期以来由于城市建设投入不足，城市基础设施落后，无法吸引人口和产业的集聚，难以从根本上提高居民的生活水平，需要加快城市发展，创造良好的人居环境，解决就业问题，充分发挥城市对农村的带动、辐射功能。贵阳缺乏区位优势，加上产业基础薄弱、开放较晚等原因，技术工艺比较落后，工业化水平落后于东部城市，在经济技术尚不具备条件的基础上，不能盲目进行经济结构调整，应该加快城市发展，解决农村劳动力就业问题，否则难以发挥劳动力资源的优势，导致生产要素组合效率低下。城市的发展促进了少数民族民众到城市接受科学民主教育，有利于少数民族民众到城市就业，促进各民族交流融合，逐步减少少数民族地区的聚居人数，弱化民族意识，化解民族矛盾，减轻少数民族地区的维稳压力，保证社会和谐发展；反之，封闭自我，没有沟通交流就不会有彼此之间的信任，隔阂就不会消除。少数民族聚居在农村，容易形成落后的封建家族观念，不易化解和其他民族的矛盾。以贵州为例，少数民族小聚居大杂居，而且随着少数民族外出打工和学习机会的增多，少数民族居住得更为分散，民族矛盾同其他民族省份相比显著减少。

东中西部区域之间这种优劣并存、长短互见的状况，正是推动区域间互相依赖和互相协作的内在动力。在比较利益选择和优化产业结构的基础上，各区域城市间应建立优势互补、互通有无的发展新格局，以创造真正的经济活力。自2000年以来，各地呈现出极大活力的，恰恰是城市的规模扩大，以及与此相应的城市建设加速和城市经济活跃。对于中国而言，东中西部城市协调发展的战略才是真正符合国情的发展战略。在目前形势下，应花大精力研究中西部城市的发展，使地域辽阔的中西部城市的经济水平、基础设施水平、公共服务能力和生活水平得到真正的改善和提高。中西部要加速、跨越式发展，以缩小与东部的差距。中西部的土地面积广大，从何入手呢？很明显，应该通过中西部各区域中心城市的建设和发展，加强市场化改革，发挥"后发优势"，从而带动周边小城镇和农村的发展。为了加速城市的建设与发展，从思想上需要克服封闭僵化的农业文明长期形成的心理障碍，即忽视城市、轻视城市、厌恶城市、恐惧城市，甚至仇视城市的心理。中西部地区，经济技术力量相对薄弱，资金也十分短缺，只有把有限的资源集中于城市，才能以较小的投入获得较大的收益，也才能有效发挥辐射带动作用。西部必须紧紧抓住国家实施西部大开发的战略机遇，重点应该是进一步扩大城市规模，完善城市基础设施、配套设施，提升城市地位，完善城市功能。充分利用东中西部经贸合作的机会，改善投资环境，聚集区域内有效资源，吸引人才科技，经营城市，发展城市。

第6章

东中西部三个典型城市的
未来发展趋势及政策建议

6.1 东中西部三个典型城市的未来发展趋势

6.1.1 城市建成区将不断扩大

我国作为发展中国家，正处于农业国向工业国的转轨过程中，经济的转轨将带来城市的大发展，特别是省会城市，作为全省的政治、经济、文化中心，对人口的吸引力、集聚力无可比拟。在一定的尺度内，城市越大，集聚效应就越强，人气就越高，就越有利于发展第三产业，尤其是现代服务业，有利于促进产城融合，更好地服务当地经济的转型升级；反之，会导致城市功能不完善，不利于集聚高端要素，发展高端产业，所以城市仍将不断扩大。我国东中西部的城市化已经先后进入了快速增长阶段，东中西部三个典型城市的城市建成区都会不同程度扩展，但东部扩展速度将放慢，中西部扩展速度将加快。其中，杭州市将沿钱塘江两岸进一步扩展城区，通过交通的发展把钱塘江两岸紧密联系在一起，这将使杭州从"西湖时代"走向"钱塘江时代"。合肥随着2011年8月22日的行政区划调整，将地级巢湖市"一分为三"，居巢区、庐江县划归合肥管辖。区划调整之后的合肥，行政区域环抱巢湖，依山傍水，总面积达到 11 433 平方千米。根据行政区划调整后新的形势变化，合肥市建成区未来扩展速度将会加快，由于西北面受董铺水库限制，没有发展空间，合肥市将主要向东南面的巢湖方向扩展，向着区域性特大城市方向迈进。贵阳市随着 2012 年年初《国务院关于进一步促进贵州经济社会又好又快发展的若干意见》（国发〔2012〕2 号）提出把贵安新区建设成为内陆开放型经济示范区。《西部大开发"十二五"规划》中明确提出，把贵安新区建设成为黔中经济区最富活力的增长极。2014 年 1 月 6 日，国务院同意设立国家级新区——贵州贵安新区。贵阳市建成区扩展未来将显著提速，主要朝着西南面的贵安新区方向扩展，与贵安新区紧密连接在一起。

6.1.2 城市带、城市群（圈）和区域中心城市将成为城市发展的重要方向

城市带、城市群（都市圈）和区域中心城市将成为城市发展的重要方向，各个国家都在发展都市圈，每个国家的都市圈都是该国经济最发达的地区。美国纽约、五大湖和洛杉矶三大都市圈的人口占了全国人口的 33.21%；日本东京人口占全国城市人口的 41%；韩国首尔市人口占全国人口的 25%，以首尔为中心的首都圈的人口竟高达全国人口的一半。国内外城市发展的经验表明，人才都是往人才密集的大城市集聚。人越多的地方，人越容易往那里聚集。从我国人多地少的国情来看，从利用土地效率来说，大城市利用效率高一些。东部由于人口密集，城市间相距较近，经济发展起步早，发展速度比较快，很容易形成都市连绵区。例如，杭嘉湖绍都市圈，杭州市、嘉兴市、湖州市和绍兴市组团打造长三角"金南翼"，打造高铁半小时、高速一小时都市圈，建设成为世界都市圈重要板块，杭州向国家级中心城市发展。中西部的城市，由于地广人稀，城市间相距较远，一般发展方向为区域中心城市，在有条件的地方也可以发展都市连绵区，向国家级中心城市发展。例如，合肥市地处安徽省正中央，具有承东启西、贯通南北的区位优势。其拥有三所国家实验室和四座重大科学装置，是仅次于北京市的国家重大科学工程布局城市，是全国首座国家科技创新型试点城市，未来将向着区域性特大中心城市方向迈进，提高地区的首位作用，增强辐射带动力，带动周边地市的发展。

随着贵安新区的建立，贵州省将形成贵阳—贵安—安顺都市连绵区，成为黔中经济区最富活力的增长极，贵阳向区域性中心城市发展，带动贵州省经济发展。人们移居经济聚集区域，不仅有利于生产的发展，而且增加了他们的收入，也加剧了聚集区之间的就业竞争，同时降低了非聚集区的竞争压力，从而缩小发达地区与落后地区之间的生活水平差距。通过城市的集聚效应来吸引外来人口流入，从而在经济学角度上形成规模经济，从人口学的角度上提高城市化水平。

6.1.3 "城市病"将得到化解

中国解决所有问题的关键在于发展，只有城市不断发展才能最终解决中国的发展问题。随着经济发展水平的提高，政府有了更多的财力投入城市规划、城市生态环境建设和交通设施等基础设施建设，以提高城市综合承载能力。无疑，这为解决"城市病"带来了希望。随着杭州地铁线的陆续开通，交通拥堵会得到很大的化解，合肥地铁于2016年12月26日开通运行，贵阳地铁和环城快铁预计将于2017年年底开通运行，这将会很大程度上化解交通拥堵问题。每个城市的新规划更加科学，有利于城市可持续发展。政府加大对城市生态环境建设的投入，提高城市管理水平，坚持以人为本、科学发展、改革创新、依法治市，转变城市发展方式，完善城市治理体系，提高城市治理能力，将使当前存在的"城市病"得到很大的化解。

6.1.4 中西部城市发展加快，跨省人口流动减少

随着中西部城市发展加快，跨省人口流动将减少。目前，全国约有1亿人口在跨省流动。流动人口主要集中在大城市和特大城市，其中有一半以上集中在省外流动人口数量居前10位的城市，这中间又有1/2集中在省外流动人口数量居前4位的上海、北京、深圳、东莞。由于中西部地区缺乏区位优势，思想观念较为落后，加上经济基础薄弱、开放较晚等原因，中西部工业化发展落后于东部，中西部城市化发展的产业基础十分薄弱。随着国家对中西部投入的加大，现在中西部城市发展已经处于加速发展阶段，省会城市的区域中心城市地位将进一步加强，竞争力将得到很大提高，将会辐射全省广

大腹地，吸引全省人口和产业的集聚，从根本上提高居民的生活水平，促进就业，减少人口向发达地区流动。

6.1.5 城市间交通等基础设施投入将进一步加强

无论是从铁路、公路还是通信等各项指标看，我国都与发达国家存在着一定的距离。中西部的城市基础设施差距更大，所以我国的基础设施建设还需要加大投入。让基础设施（住房、学校、道路、公交和地下综合管廊）建设超前于人口发展，扩大城市规模，从而产生规模效应。南非大量修建基础设施，其基础设施建设领先于经济增长。例如，南非的人均汽车拥有量与发达国家相比并不算高，但其高速公路的建设却领先于多数发达国家，20世纪80年代，其里程一度仅次于美国、德国，居世界第三。只有交通的发达，才能促进西部经济的高速发展，国家发展，交通先行，中国地域广阔，发达、快捷的交通有助于使各地联系更紧密。基础设施必须超前发展。中国是大国，人口众多，东西南北距离长，没有快速、密集的交通系统是不行的，交通既可为经济服务，又可为国防服务。一个仅仅考量某个方面的建设而不全面考虑整个国家经济运转体系的人如同一个缺乏全面战略思想的人，其想法必将是完全错误的。基础设施建设要超前发展，要有前瞻性，有远见，不能总是等到拥堵了才想办法去解决，要看长远效益。美国19世纪末也在大修铁路，甚至雇佣了大量华工。发达国家的道路建设都是超前的。基础设施和基础工业在工业化中的"先行官"作用，在长达将近半个世纪的时期里，这已经多次得到实例的印证。就第二次世界大战后实施工业化成效比较显著的亚洲"四小龙"来说，它们都耗费了巨额投资，大力改善海、陆、空交通运输和建设水、电、气、通信等基础设施，以保证生产发展和人民生活改善的需要。自新中国成立以来，我国对基础设施建设的重要性虽然有所认识，但在实际上仍然不够重视。1987年，我国新生人口达到2550万人，此后便以平均每年48万人的速度下降，直到2004年后暂时趋稳。现在，这批人正处在30岁左右的劳动黄金年龄，也就是说我国仍处于人口红利期。人口转型理论告诉我们，人口红利期只是人口变迁过程中的一个阶段，人口红利并非取之不尽、用之不竭。虽然在一定时期内，人口年龄结构变化带来的人口红利将通过各方面对经济增长起到积极的促进作用，但随着人口出生率的下降，劳动年龄人口将不断减少，同时伴随老龄化趋势的不断呈现，人口红利终将逐渐枯竭。虽然人口红利终将因人口出生率下降、劳动参与率降低而逐渐消失，但在这一客观规律面前，我们仍可有所作为。我们可采取一系列有效措施，在人口红利期最大限度地发挥人口红利效应，抓住经济增长的战略机遇期，充分利用当前较为丰富的劳动力加快我国基础设施建设，最大化促进劳动力就业，最大化利用人口红利，促进劳动力资源的充分利用和有效配置，保持经济的增长。

6.1.6　城市第三产业比例进一步提高

我国城市经济（第二产业和第三产业）虽然早已超过农业经济（第一产业），占国民生产总值的绝对优势比重，但农业人口和农业劳动力却仍占优势比重。可见我国还是一个不发达的农业国家，或工农并重的发展中国家。

第三产业发展的滞后，是中国产业结构存在的主要问题。专家认为，与美国等西方发达国家第三产业的比重已达近80%相比，中国第三产业的比重仍然偏低，和中国同为发展中国家的印度尼西亚等国，第三产业的比重也都保持在40%～50%的水平。

未来农业的机械化、专业化、规模化，将提高农业的运行效率与效益，农业的生产效率不断提高，只需要极少农业人口就能生产足够的农产品。

城市规模不断扩大的过程就是产业结构不断调整优化的过程。城市建成区规模决定着生产要素聚集规模及城市人口规模。随着城市扩展，信息咨询、物流配送等新兴服务业也将得到快速发展，同时零售、餐饮等传统服务业也将得到相应的发展，尤其是旅游业的发展，将使第三产业的比例进一步提高。

6.2　政　策　建　议

从理论上看，人类可以协调城市扩展和非农业人口增长的平衡，但现实中，协调说起来容易，做起来难，人类不可能协调得那么好。从辩证的观点来看，平衡是短暂的、相对的，是一种瞬间状态，转瞬即逝；不平衡是长期的、绝对的。所有对城市发展的协调其实都是对城市、人与自然关系的一种干预，是对既有平衡的打破，这种干预不可能导向某种终极理想的实现，虽然可以努力趋近，但永远不可能长期保持平衡。平衡只是一种理想状态，昨天看是平衡的，今天很可能就不平衡了。人口的增长总是在不断变动，绝大多数情况下，与城市的扩展都不是协调的。世界上有许多国家制定规划、方案，采取种种对策，试图协调城市扩展，虽然取得了一些成果，但是无法从根本上改变这一趋势。例如，日本的几次国土规划都以压缩大城市发展速度为目标，虽然取得不少成绩，但是东京、大阪和名古屋三大都市圈的发展速度仍快于全国其他地区（胡兆量，1986）。巴黎也是这样，田园城市的试验最后也没有像试验者霍华德所期望的那样推广开来。我国的城市规划也是如此，经常被现实的城市发展突破，沿海城市尤其突出。1984年的深圳人口仅30多万人，当时关于未来（2000年）深圳规模的重要意见有三种：一种是深圳市委意见，即发展200万人；一种认为深圳南邻香港，北邻广州，发展四五十万人足矣；一种是折中性的，要控制它不变成特大城市，未来80万人就可以了，不能超过100万人。后来基本采用了折中的方案，深圳按常住人口80万人控制，暂住人口按30万人控制，总量不突破110万人（宋启林，2010）。但2000年时，深圳总人口就已经超过了205万，其中暂住人口超过了127万。到2010年时，深圳仅福田、南山、盐田和罗湖人口就超过了354万，常住人口达到了159万，这迫使深圳城市建成区向宝安和龙岗扩展，建设新城区，这是规划者始料未及的。

城市作为一个有机体，有它自己发展演变的内在机制，人类对城市的每一次干涉都有自己的局限性，会产生一系列负外部性，政府管理往往忽视自身行为的消极后果。例如，规划限制城市土地供应，影响了经济的持续发展，阻碍了经济增长等。甚至有研究认为政府所采取的严厉城市控制措施会造成整个经济的衰退。例如，Mera和Heikkila（1999）研究认为，日本现在的衰退是由20世纪90年代打压地价的政策造成的。Fischel（1982）认为城市增长控制很可能是没有效率的，因为它们总体上是给社会增加了净成本。由于目前缺乏系统而深入的研究，仍然很难说明城市增长管理的政策成功地防止了城市扩展或实现了土地资源的可持续利用,这相应降低了政府实施增长管理的必要性。从发展的角度讲,不同历史时期较难确定精确的城市最佳规模,城市最佳规模是一个相对的概念。随着人类科学技术的发展和管理水平的提高,原来认为的最佳规模就不是最佳了。因此,城市如果不至于出现致命的问题,是不应该被过多干涉的。协调的目的不是把城市调控成一个美好的终极蓝图,而是通过一种有节制的科学干预,促使它在更高层次上建立新的平衡。

基于以上分析和本书研究成果,以及城市扩展社会经济效应的东、中、西部比较,提出以下政策建议。

(1) 不宜普遍将用地控制得很严,应适当加大土地供应,保障经济发展,加强管理,避免土地的闲置和浪费,对东中西部城市建设用地区别对待。我国地域广阔,经济发展极不平衡,在建设用地指标由上到下逐级分配的过程中,要协调东中西部区域发展的不平衡问题,充分考虑各地的具体情况,避免出现分配不当的问题,绝不能"一刀切"。我国劳动力处于最丰富的时期,重要的不是限制城市的发展,而是提高城市发展的质量,充分发挥劳动力资源的优势,消除增长的瓶颈。因此,土地管理部门不宜普遍将用地控制得很严,造成土地资源真正紧缺的城市无地可用,项目无法落地,对经济发展和城市发展造成严重制约。本着节约、集约利用土地的原则,要加强监管,使用地项目符合政府发展规划,避免土地闲置和浪费。制定新增建设用地有偿使用费的征收标准,减少新增建设用地的随意性,促使用地单位认真、谨慎地决定是否用地或者减少用地。发挥市场机制配置土地资源的基础性作用,促进城市土地合理利用。过去用地模式弊端:拿地成本极低,各单位竞相申请用地,拿地后闲置,宽地窄用,好地劣用,土地资源浪费严重。改变过去行政划拨、无偿、无限期使用的土地使用模式,用地一律"招拍挂",让价格因素发挥主导作用,这有利于形成公平的竞争环境。同时,控制降低土地批租价格的招商引资现象,因为供地价格低于正常均衡价格的"供过于求"的状态,容易造成土地资源的利用效率低下。在完全竞争条件下,通过市场竞争,出价最高者获得了特定区位的土地,也就实现了城市资源的最优配置。因为只有最合适的经济活动才可能获取最充分的经济利益,也才可以支付最高的竞标费用。要消除政策歧视,让市场充分发挥优化资源配置的作用。市场机制本身是中性的。在公平竞争条件下，市场是一种优选机制，它可以把资源利用效率高的企业留在市场中，而淘汰资源利用效率低的企业，在城市发展过程中，要按照市场经济规律来用地，以提高用地效率，避免土地浪费，充分发挥土地规划对城市扩展的调控和引导作用。

（2）中国东、中、西部应采取不同的城市发展战略。东部地区大力发展都市连绵区，利用资金、人才密集优势，加速产业升级换代，逐渐发展成以技术密集型企业和资本密集型企业为主，重点解决高校扩招带来的毕业生就业问题，发挥东部的引领作用，向国际化迈进；中部地区有选择地适度发展都市连绵区，大力发展大中城市；西部地区由于城市不密集，应该有选择地发展大中城市，大力发展中小城市。不要盲目忽视轻型工业、城市服务业等能大量吸收劳动力的产业，劳动密集型产业仍然是我国中西部的主要产业类型，是解决大量文化素质和劳动技能不高的劳动力就业问题的重要渠道，是促进我国整体城市化水平提高的必然选择。要从中国城市化水平较低、转移农村剩余人口的任务特别重、人地关系比较紧张的现实出发，东部的城市发展不能松懈，中西部的城市要加快发展速度以缩小与东部城市化水平的差距，充分发挥现在劳动力资源丰富的优势。加快城市建设的步伐，力争在老龄化社会到来时把城市建设好。扩大城市规模对于振兴第三产业、改善我国的就业环境至关重要。

（3）进一步加大农村土地流转力度，推进城市化进程。加大土地流转力度，增加人均耕地面积，提升农业生产效率，完善土地补偿机制，从而提高农民收入。土地流转是未来农村改革的重要方向，可以为发展农业适度规模经营，推动农业专业化、标准化、规模化、集约化生产创造有利条件。未来20年，大量人口将从农村转移出来，农村土地将进一步流转集中到专业户手中，这将会吸引大批资金和专业人才流入农村及农业领域。只有农业集约化、专业化后，农业生产效率才能提高，也才能在保障粮食等农产品供给的情况下将富余的劳动力转移到城市，从而推进城市化进程，提高农民收入。这样土地流转才能带来农业产业的价值回归，未来农业用地价值及农民收入将进入快速上升阶段。伴随着土地流转的推进，中国农业将迎来一个新的高速发展阶段，将进入效率提升的内涵增长与集约化的外延扩张双轮驱动的发展阶段，其影响将不逊于三十几年前的"家庭联产承包"。

（4）提高城市规划的水平。城市规划得好，就会有人愿意来投资、安家、旅游；规划得不好，人们就会"用脚投票"，选择逃离。比如，迪拜是城市规划的成功之作，吸引了世界名流竞相入住，也吸引了大量的世界游客。由于种种原因，当前我国城市规划存在两个问题：把排污沟规划在河道两岸，雨季时，河水倒灌入排污沟，造成污水从维修井盖涌出，导致河水被污染，即使晴天沿河两岸走也会感到臭气熏天，影响了河流及两岸土地资源的利用；没有充分利用城市地下空间构建完善的地下综合管廊，导致地上各种管线密布，各自为政，使得城市变成了经常施工的工地。建议在城市道路，特别是城市主干道下面构建宽敞坚实的地下综合管廊，把排污、防洪、人防工程及通信等管线整合在地下管廊里，对河道两边进行绿化，建设成长廊公园，这样就提高了城市土地资源的利用效率。

参考文献

阿瑟·奥利沙文. 2003. 城市经济学(第四版). 苏晓燕, 常荆莎, 朱雅丽译. 北京: 中信出版社.
白春梅, 黄涛珍. 2005. 城市规模与聚集效应分析. 河海大学学报(哲学社会科学版), (1): 27-30.
鲍丽萍, 王景岗. 2009. 中国大陆城市建设用地扩展动因浅析. 中国土地科学, 23(8): 68-72.
蔡爱民, 查良松. 2008. 安徽省中小型城市用地扩展研究——以滁州市为例. 资源开发与市场, 24(3): 193-195.
蔡建峰. 2008. 土地供给对经济发展贡献研究. 湖南师范大学硕士学位论文: 67.
常庆瑞, 蒋平安, 周勇, 等. 2004. 遥感技术导论. 北京: 科学出版社.
常同元, 张韬, 安慧君. 1997. 用多时相航片测定呼市建筑增长速度. 遥感信息, 12(3): 28-30.
陈本清, 徐涵秋. 2005. 城市扩展及其驱动力遥感分析——以厦门市为例. 经济地理, (1): 79-83.
陈丙咸. 1991. 城市遥感分析. 南京: 南京大学出版社.
陈德超, 袁中金, 杨朝辉, 等. 2006. 苏州建设用地变化及城市扩展研究. 苏州科技学院学报(自然科学版), 23(2): 32-36.
陈利根, 陈会广, 曲福田, 等. 2004. 经济发展、产业结构调整与城市建设用地规模控制——以马鞍山市为例. 资源科学, (6): 137-144.
陈亮. 2009. 基于不透水面的城市建成区提取及其空间扩展过程分析. 河海大学硕士学位论文.
陈龙乾, 郭达志, 胡召玲, 等. 2004. 徐州市城区土地利用变化的卫星遥感动态监测. 中国矿业大学学报, 33(5): 528-532.
陈美球, 吴次芳. 1999. 城镇用地扩张的遥感监测研究进展. 江西农业大学学报, 21(2): 237-241.
陈美球, 赵小敏, 吴次芳, 等. 2001. TM图像在城市用地扩张监测中的应用——以江西省南昌市为例. 地域研究与开发, 20(1): 4.
陈述彭. 1999. 城市化与城市地理系统. 北京: 科学出版社.
陈淑兴, 韩波, 柯长青, 等. 2009. 济南市建成区扩展的时空特征及驱动力分析. 地理空间信息, 7(5): 117-120.
陈有川. 2003. 大城市规模急剧扩张的原因分析与对策研究. 城市规划, (4): 33-36.
程效东, 葛吉琦, 李瑞华. 2004. 基于GIS的城市土地扩展研究——以安徽马鞍山市城区为例. 国土与自然资源研究, (3): 23-24.

储金龙, 马晓冬, 高抒, 等. 2006. 南通地区城镇用地扩展时空特征分析. 自然资源学报, 21(1): 55-63.

戴昌达, 唐伶俐. 1995. 卫星遥感监测城市扩展与环境变化的研究. 环境遥感, 10(1): 1-8.

邓劲松. 2007. 基于SPOT影像的杭州市区土地利用/覆盖变化动力学研究. 浙江大学博士学位论文.

董芳. 2003. 基于陆地卫星TM/ETM+和GIS的济南城区扩展动态监测研究. 山东农业大学硕士学位论文.

董雯, 张小雷, 王斌, 等. 2006. 乌鲁木齐城市用地扩展及其空间分异特征. 中国科学(D辑: 地球科学), 36(S2): 148-156.

范作江, 承继成, 李琦. 1997. 遥感与地理信息系统相结合的城市扩展研究. 遥感信息, (3): 12-16.

房世波, 潘剑君, 陈彩虹. 2000. 利用TM和SPOT遥感影像对南京市城镇用地扩展的监测. 南京农业大学学报, (3): 49-52.

冯恩国. 2007. 基于GIS和RS的郑州市城市扩展及驱动力分析. 河南大学硕士学位论文.

冯健, 周一星. 2002. 杭州市人口的空间变动与郊区化研究. 城市规划, (1): 58-65.

冯科. 2010. 城市用地蔓延的定量表达、机理分析及其调控策略研究——以杭州市为例. 浙江大学博士学位论文.

冯晓刚, 李锐, 莫宏伟. 2010. 基于RS和GIS的城市扩展及驱动力研究——以西安市为例. 遥感技术与应用, 25(2): 202-208.

顾朝林. 1999. 经济全球化与中国城市发展. 北京: 商务印书馆: 309-315.

顾朝林, 于涛方, 李王鸣, 等. 2008. 中国城市化: 格局-过程-机理. 北京: 科学出版社: 1-748.

顾朝林, 甄峰, 张京祥. 2000. 集聚与扩散: 城市空间结构新论. 南京: 东南大学出版社.

韩晨. 2007. 基于地学信息图谱的西安城市空间扩展研究. 陕西师范大学硕士学位论文.

韩庆祥. 2002. 发展与代价. 北京: 人民出版社.

郝素秋, 徐梦洁, 蒋博. 2009. 南京市城市建成区扩张的时空特征与驱动力分析. 广东土地科学, 8(5): 44-48.

何丹. 2006. 我国三大地带大城市建设用地扩展社会经济驱动力比较研究. 西南大学硕士学位论文.

何流, 崔功豪. 2000. 南京城市空间扩展研究. 现代经济探讨, (10): 51-53.

胡德勇, 李京, 陈云浩, 等. 2006. 基于多时相Landsat数据的城市扩张及其驱动力分析. 国土资源遥感, (4): 46-49.

胡华浪, 陈云浩, 宫阿都. 2005. 城市热岛的遥感研究进展. 国土资源遥感, (3): 5-9.

胡兆量. 1986. 大城市的超前发展及其对策. 北京大学学报(哲学社会科学版), 23(5): 118-122.

黄杰, 赵锋. 2011. 土地指标缺口大 西北城市"地荒"凸显. http://finance.qq.com/a/20110319/001055.htm［2016-12-20］.

黄雄伟. 2008. 基于GIS和RS的城市土地利用时空演化研究. 中国地质大学博士学位论文.

黄玉浩, 孙旭阳. 2010. 安徽允许用地指标跨市买卖 学者担忧诱发强拆. http://news.qq.com/a/20101104/000290.htm?pgv_ref=aio［2016-12-20］.

黄祖辉, 汪晖. 2002. 城市化进程中的土地制度研究. 北京: 中国社会出版社.

江清霞, 张玮. 2007. 基于遥感技术的城市扩展变化研究. 气象与环境科学, 30(3): 81-84.

江涛, 张传霞. 1999. 城市扩展动态变化的遥感研究. 遥感信息, (4): 50-53.

蒋金龙, 薛重生, 李建. 2007. 基于RS和GIS的武汉市城区扩展变化研究. 安徽农业科学, 35(16): 4806-4807.

焦秀琦. 1987. 世界城市化发展的S型曲线. 城市规划, (2): 34-38.

金宝石, 查良松, 陈明星. 2005. 基于GIS的芜湖市城市用地扩展规律. 资源开发与市场, 21(2): 146-147.

黎夏, 叶嘉安. 1997. 利用遥感监测和分析珠江三角洲的城市扩张过程——以东莞市为例. 地理研究, (4): 56-62.

黎云, 李郇. 2006. 我国城市用地规模的影响因素分析. 城市规划, (10): 14-18.

李丹, 薛重生, 牟乃夏, 等. 2004. 义乌市城市建设用地遥感动态监测与空间分析研究. 全国国土资源与环境遥感技术应用交流会论文文集.

李飞雪, 李满春, 刘永学, 等. 2007. 建国以来南京城市扩展研究. 自然资源学报, (4): 524-535.

李郇, 陈刚强, 许学强. 2009. 中国城市异速增长分析. 地理学报, (4): 399-407.

李天华, 马玲, 杨武年, 等. 2007. 应用遥感和GIS技术提取城市建成区及驱动力分析——以南京市为例. 测绘科学, 32(4): 124-125.

李王鸣. 1998. 杭州城市发展规划思考. 长江论坛, (6): 44-46.

李晓文, 方精云, 朴世龙. 2003. 上海及周边主要城镇城市用地扩展空间特征及其比较. 地理研究, 22(6): 769-779.

李秀云. 2009. 基于RS和GIS的城市动态变化分析研究——以鄂尔多斯市东胜区为例. 内蒙古师范大学硕士学位论文.

梁顺林. 2009. 定量遥感. 范闻捷等译. 北京: 科学出版社: 363-364.

林目轩, 师迎春, 陈秧分, 等. 2007. 长沙市区建设用地扩张的时空特征. 地理研究, 26(2): 265-274.

刘纪远, 战金艳, 邓祥征. 2005. 经济改革背景下中国城市用地扩展的时空格局及其驱动因素分析. Ambio, 34(6): 444-449.

刘盛和, 吴传钧, 沈洪泉. 2000. 基于GIS的北京城市土地利用扩展模式. 地理学报, 55(4): 407-415.

刘盛和. 2002. 城市土地利用扩展的空间模式与动力机制. 地理科学进展, 21(1): 43-50.

刘曙华, 沈玉芳. 2006. 上海城市扩展模式及其动力机制. 经济地理, (3): 487-491.

刘易斯·芒福德.2005.城市发展史.宋俊岭,倪文彦译.北京:中国建筑工业出版社.
刘勇.2008.城市增长与景观变化的多尺度研究——以杭州市为例.浙江大学博士学位论文.
卢晓峰.2008.基于RS和GIS的郑州市城市扩展研究.河南理工大学学报(自然科学版),27(2): 182-187.
陆批,汤茂林,刘茂松.2010.基于RS和GIS的江阴城市扩张研究.南京师范大学学报(自然科学版),33(2): 132-137.
马荣华,陈雯,陈小卉,等.2004.常熟市城镇用地扩展分析.地理学报,59(3): 418-426.
马晓冬,朱传耿,马荣华,等.2008.苏州地区城镇扩展的空间格局及其演化分析.地理学报,63(4): 405-416.
梅安新.1992.上海市真如镇地区城市化过程多时相航空遥感动态研究.华东师范大学学报(遥感专辑):84-92.
牟凤云,张增祥,迟耀斌,等.2007.基于多源遥感数据的北京市1973—2005年间城市建成区的动态监测与驱动力分析.遥感学报,11(2): 257-268.
牟凤云,张增祥,迟耀斌,等.2008.济南市近二十五年城市建成区的空间扩展遥感监测.山东农业大学学报(自然科学版),39(1): 73-79.
牟凤云,张增祥,谭文彬,等.2007.广州城市空间形态特征与时空演化分析.地球信息科学,9(5): 94-98.
牟凤云,张增祥,谭文彬.2008.基于遥感和GIS的重庆市近30年城市形态演化特征分析.云南地理环境研究,20(5): 1-5.
穆江霞.2007.西安市建设用地扩展变化研究.现代城市研究,22(4): 38-42.
欧阳婷萍.2003.城市化——解决人地矛盾的重要途径.城市问题,(5):10-13.
彭光雄,李京,武建军,等.2005.基于遥感的常德市城市扩展动态变化研究.遥感信息,(6)32-35.
彭顺喜,刘侠,黄宏业,等.2003.长株潭城市群卫星遥感监测研究.卫星应用,11(4): 56-64.
朴妍,马克明.2006.北京城市建成区扩张的经济驱动:1978—2002.中国国土资源经济,19(7): 34-37.
仇保兴.2004.中国城镇化——机遇与挑战.北京:中国建筑工业出版社.
沙晋明,唐诗玉.1998.绍兴市城镇用地扩展的遥感监测.国土资源遥感,10(3): 51-55.
盛辉,廖明生,张路.2005.基于卫星遥感图像的城市扩展研究——以东营市为例.遥感信息,(4): 28-30.
施益强,朱晓铃,张辰臣.2010.厦门市城市扩展遥感动态监测及其驱动力分析.集美大学学报(自然科学版),15(2): 150-155.
史培军,陈晋,潘耀忠.2000.深圳市土地利用变化机制分析.地理学报,(2): 151-160.
宋启林.2010.新理性主义,抑或城市发展辩证法.城市发展研究,(1): 16-19.
孙华生.2009.利用多时相MODIS数据提取大尺度的中国水稻种植面积和长势信息.浙江大学博士学位论文.

谈明洪, 李秀彬, 吕昌河. 2003. 我国城市用地扩张的驱动力分析. 经济地理, 23(5): 635-639.

谈明洪, 李秀彬, 吕昌河. 2004. 20世纪90年代中国大中城市建设用地扩张及其对耕地的占用. 中国科学(D辑:地球科学), (12): 1157-1165.

谈明洪, 吕昌河. 2003. 以建成区面积表征的中国城市规模分布. 地理学报, (2): 285-293.

覃志豪, 李文娟, 徐斌, 等. 2004. 利用Landsat TM6反演地表温度所需地表辐射率参数的估计方法. 海洋科学进展, 22: 129-136.

汤君友, 杨桂山. 2004. 基于RS与GIS的无锡市城镇建设用地扩展时空特征分析. 长江流域资源与环境, 13(5): 423-428.

童大焕. 2011. 城市化岂能披着两张皮. 今日国土, (2): 120-121.

汪冬梅, 贺旭玲, 董国强. 2002. 城市规模与城市经济效益关系的实证研究. 莱阳农学院学报(社会科学版), (3): 36-40.

汪志球. 2004. 贵阳: 南明河变清了. 人民日报, 2004-08-02(4).

王姣. 2006. 珠江三角洲地区城市建成区扩展时空过程及影响因素. 中国科学院硕士学位论文.

王杰, 李加林. 2010. 基于RS和GIS的甬台地区城市建设用地扩展特征研究. 地理信息世界, 8(5): 48-53.

王均灿, 陈宝树, 孙志文, 等. 2002. 利用中巴地球资源卫星数据对长株潭城市扩展的遥感监测研究. 北京: 中国宇航出版社: 22-30.

王丽萍, 周寅康, 薛俊菲. 2005. 江苏省城市用地扩张及驱动机制研究. 中国土地科学, 19(6): 26-29.

王茜, 张增祥, 易玲, 等. 2007. 南京城市扩展的遥感研究. 长江流域资源与环境, 16(5): 554-559.

王秋兵, 卢娜, 边振兴. 2008. 沈阳市城区扩展动态监测与驱动力分析. 资源科学, 30(7): 1068-1075.

王旭. 2006. 美国城市发展模式. 北京: 清华大学出版社.

王永梅, 吴志峰, 胡伟平, 等. 2010. 广佛都市区城镇建设用地扩展的时空变化分析. 安全与环境学报, 10(2): 123-129.

吴缚龙, 马润抄, 张京祥. 2007. 转型与重构: 中国城市发展多维透视. 南京: 东南大学出版社.

吴宏安, 蒋建军, 周杰等. 2005. 西安城市扩张及其驱动力分析. 地理学报, (1): 143-150.

伍江. 2010. 中国特色城市化发展模式的问题与思考. 中国科学院院刊, (3): 258-263.

武进. 1990. 城市边缘区空间结构演化的机制分析. 城市规划, (2): 38-42.

夏南凯. 2003. 城市经济与城市开发. 北京: 中国建筑工业出版社.

萧笃宁. 1997. 城市化进程与土地资源的可持续利用. 云南地理环境研究, (1): 34-39.

肖鲁湘, 张增祥, 谭文彬, 等. 2007. 近三十年乌鲁木齐市建成区的时空动态变化分析. 世界科技研究与发展, 29(4): 37-42.

谢文蕙,邓卫.1996.城市经济学.北京:清华大学出版社:44.
徐枫,刘兆礼,陈建军.2005.长春市近50年城市扩展的遥感监测及时空过程分析.干旱区资源与环境,19(S1):80-84.
徐亮.2011."种族灭绝元年"感言,中国人已无路可退.http://www.wyzxsx.com/Article/Class4/201102/214563.html［2016-12-20］.
徐梦洁,於海美,梅艳,等.2008.近年我国城市土地扩张研究进展.国土资源科技管理,25(1):47-52.
薛东前,王传胜.2003.无锡城市用地扩展的时空特征与趋势分析.资源科学,(1):9-14.
亚里士多德.1996.政治学.吴寿彭译.北京:商务印书馆.
严正.2004.中国城市发展问题报告.北京:中国发展出版社.
杨钢桥.2004.城镇用地扩张的影响分析.中国人口.资源与环境,(4):75-79.
杨恒喜,史正涛,陈可伟.2010.基于遥感影像的1992—2002年昆明市城区扩张及驱动力分析.环境科学与管理,35(6):130-134.
杨勇,任志远.2009.基于GIS的西安市城市建设用地扩展研究.遥感技术与应用,46-51.
姚士谋,朱振国,陈爽,等.2002.香港城市空间扩展的新模式.现代城市研究,(2):55-58.
叶开.2011.各地国土厅长诉苦十二五建设用地指标严重不足.http://finance.qq.com/a/20110111/000204.htm［2016-12-20］.
尹芳,冯敏,钟凤,等.2010.基于GIS的四平市城市扩展遥感分析.地球信息科学学报,12(2):242-247.
余庆年,赵登辉.2001.我国各级城市用地规模合理性的比较研究.中国人口·资源与环境,(2):39-42.
俞燕山.2000.我国城市的合理规模及其效率研究.经济地理,20(2):84-89.
岳文泽,徐建华,徐丽华.2006.基于遥感影像的城市土地利用生态环境效应研究——以城市热环境和植被指数为例.生态学报,(5):1450-1460.
曾磊,宗勇,鲁奇.2004.保定市城市用地扩展的时空演变分析.资源科学,26(4):96-103.
张力,周延刚,李成范,等.2009.特大型山地城市动态扩展的遥感研究.遥感技术与应用,24(1):77-81.
张勇,余涛,顾行发,等 2006.CBERS-02 IRMSS热红外数据地表温度反演及其在城市热岛效应定量化分析中的应用.遥感学报,10(5):789-797.
张增祥,赵晓丽,周全斌,等.2006.中国城市扩展遥感监测.北京:星球地图出版社.
章波,濮励杰,黄贤金,等.2005.城市区域土地利用变化及驱动机制研究——以长江三角洲地区为例.长江流域资源与环境,(1):28-33.
赵小敏,王人潮.1997.城市合理用地规模的系统分析.地理学与国土研究,(1):18-21.
赵昕,胡召玲.2006.基于RS和GIS的徐州市建成区扩展研究.淮海工学院学报(社会科学版),4(4):61-63.
赵英时.2003.遥感应用分析原理与方法.北京:科学出版社.

郑光美. 1984. 北京及其附近地区夏季鸟类的生态分布. 动物学研究, 5(1): 29-40.

中国城市规划设计院. 1989. 2000年城市用地预测综合报告.

仲大军. 2002. 我们怎样看待城市扩展. 北京日报, 14版.

周爱梅. 2009. 郑州城市化进程中城市用地规模扩展研究. 河南大学硕士学位论文.

周一星, 于艇. 1988. 对我国城市发展方针的讨论. 城市规划, (3): 33-36.

朱厚泽. 2003. 关于当前中西部城市发展中的几点思考. 自然辩证法研究, (7): 1-3.

朱英明, 姚士谋. 1999. 苏皖沿江地带城市空间演化研究. 经济地理, (3):47-52.

朱振国, 姚士谋, 许刚. 2003. 南京城市扩展与其空间增长管理的研究. 人文地理, (5): 11-16.

祝善友, 江涛, 韩作振, 等. 2002. 基于遥感技术的泰安城市扩展变化的动态研究. 山东科技大学学报(自然科学版), 21(3): 51-54.

左丽君, 张增祥, 谭文彬, 等. 2007. 南昌市城市用地的扩展及其驱动力分析. 地球信息科学, 9(4): 116-122.

Abdel-Rahman H, Fujita M. 1990. Product variety, marshallian externalities and city sizes. Journal of Regional Science, 30(2): 165-183.

Batisani N, Yarnal B. 2009. Urban expansion in Centre County, Pennsylvania: Spatial dynamics and landscape transformations . Applied Geography, 29(2): 235-249.

Bengston D N, Potts R S, Fan D P, et al. 2005. An analysis of the public discourse about urban sprawl in the United States: Monitoring concern about a major threat to forests. Forest Policy and Economics, 7(5): 745-756.

Berry B J L. 1973. City size distributions and economic development. Economic Development and Cultural Changes, (9): 573-587.

Bhatta B, Saraswati S, Bandyopadhyay D. 2010. Quantifying the degree-of-freedom, degree-of-sprawl and degree-of-goodness of urban growth from remote sensing data. Applied Geography, 30(1): 96-111.

Bourne L S. 1996. Reurbanization, uneven urban development and the debate on new urban form. Urban Geography, (17): 690-713.

Brueckner J K, Fansler D A. 1983. The economics of urban sprawl: Theory and evidence on the spatial sizes of cities. Review of Economics and Statistics, 65(3): 479-482.

Bruegmann R. 2005. Sprawl: A Compact History. Chicago: University of Chicago Press.

Burchell R W, Lowenstein G, Dolphin W R, et al. 2002. Cost of Sprawl-2000. TCRP report 74. Washington: National Academy Press.

Burchell R W. 1998. The Costs of Sprawl-Revisited. Washington: National Academy Press: 5-18.

Calino G A. 1982. Manufacturing agglomeration economics as return to scale: A production function approach. Papers of the Regional Scienee Association, (50): 95-108.

Camagni R, Gibelli M C, Rigamonti P. 2002. Urban mobility and urban form: The social and environmental costs of different patterns of urban expansion. Ecological Economics, 40(2): 199-216.

Carl P. 1999. Americans are saying no to sprawl. PERC Reports, (1): 5-8.

Cheng J Q, Masser I. 2003. Urban growth pattern modeling: A case study of Wuhan city, PR China. Landscape and Urban Planning, 62(4): 199-217.

Civerolo K L, Sistla G, Rao S T, et al. 2000. The effects of land use in meteorological modeling: Implications for assessment of future air quality scenarios. Atmospheric Environment, 34(10): 1615-1621.

Compas E. 2007. Measuring exurban change in the American West: A case study in Gallatin County, Montana, 1973-2004. Landscape and Urban Planning, 82(1/2): 56-65.

Czech B, Krausman P R, Derers P K. 2000. Economic associations among causes of species endangerment in the United States. BioScience, 50(7): 593-601.

Deakin E. 1989. Growth control: A summary and review of empirical research. Urban Land, 48(7): 16-21.

Denys C. 1998. Insect communities on experimental mugwort plots along an urban gradien. Oecologia, (113): 114-116.

Durieux L, Lagabrielle E, Nelson A. 2008. A method for monitoring building construction in urban sprawl areas using object-based analysis of spot 5 images and existing GIS data. Isprs Journal of Photogrammetry and Remote Sensing, 63(4): 399-408.

Fischel W A. 1982. The urbanization of agricultural land: A review of the national agricultural lands study. Land Economies, 58(2): 236-259.

Gibason J E. 1977. Designing the New City. A Systemic Approach. New York: Holm Wiley & Sons.

Grimm N B, Faeth S H, Golubiewski N E, et al. 2008. Global change and the ecology of cities. Science, (319): 756-760.

Hall P. 1997. The future of the metropolis and its form. Regional Studies, 31(3): 211-220.

Harris P M. 1995. The integration of geographic data with remotely sensed imagery to improve classification in an urban area. Photogrammetric Engineering & Remote Sensing, (61): 993-998.

Hoffhine W E, Hurd J D, Civco D L, et al. 2003. Development of a geospatial model to quantify, describe and map urban growth. Remote Sensing of Environment Urban Remote Sensing, 86(3): 275-285.

Huang S L, Wang S H, Budd W W. 2009. Sprawl in Taipei's peri-urban zone: Responses to spatial planning and implications for adapting global environmental change. Landscape and Urban Planning, (90): 20-32.

Jat M K, Garg P K, Khare D. 2008. Monitoring and modelling of urban sprawl using remote sensing and GIS techniques. International Journal of Applied Earth Observation and Geoinformation, 10(1): 26-43.

Johnson M P. 2001. Environmental impacts of urban sprawl: A survey of the literature and proposed research agenda. Environment and Planning, 33(4): 717-735.

Kolankiewicz B L, Beck R. 2001. Weighing sprawl factors in large U. S. cities: Analysis of U. S. bureau of the census data on the 100 largest urbanized areas of the United States. Washington: 1-47.

Lee P F, Ding T S, Hsu F H. 2004. Breeding bird species richnes in Taiwan: Distribution on gradients of elevation, primary productivity and urbanization. Journal of Biogeography, (31): 307-314.

Lee Y. 1989. An allometric analysis of the US urban system: 1960-80. Environment and Planning A, (21): 463-476.

Li L, Sato Y, Zhu H H. 2003. Simulating spatial urban expansion based on a physical process. Land Scape and Urban Planning, 64(1/2): 67-76.

Lozano-Garcia D F, Hoffer R M. 1993. Synergistic effects of combined Landsat-TM and SIR-B data for forest resources assessment. International Journal of Remote Sensing, 14(14): 2677-2694.

Lu D S, Batistella M, Moran E. 2004. Multitemporal spectral mixture analysis for amazonian land-cover change detection. Canadian Journal of Remote Sensing, 30(1): 87-100.

Lucas I F J, Frans J M, Wel V D. 1994. Accuracy assessment of satellite derived land-cover data: A review. Photogrammetric Engineering and Remote Sensing, 60(4): 410-432.

Luniak M. 1994. The development of bird communities in new housing estates in Warsaw. Memorabilla Zool, (49): 257-267.

Luo J, Wei Y D. 2006. Population distribution and spatial structure in transitional Chinese cities: A study of Nanjing. Eurasian Geography and Economics, 47(5): 585-603.

Mackin-Rogalska R, Pinowski J, Solon J. 1988. Changes in vegetation, avifauna and small mammals in a suburban habitat. Polish Ecological Studies, 14: 293-330.

Masek J G, Lindsay F E, Goward S N. 2000. Dynamics of urban growth in the Washington DC metropolitan area, 1973-1996, from landsat observation. International Journal of Remote Sensing, (18): 3473-3486.

McIntyre N E. 2000. Ecology of urban arthropods: A review and a call to action Annals of the Entomological Society of America, (93): 825-835.

Mera K, Heikkila E J. 1999. The linkage of land price with the economy peliey making failures of the Japanese government in the 1990s. American Real Estate and Urban Economic Association and Asian Real Estate Society: 1-18.

Munoz F. 2003. Lock living: Urban sprawl in Mediterranean cities. Cities Part Special Issue: Cities of Spain, 20(6): 381-385.

Nordbeck S. 1971. Urban allometric growth. Geografiska Annaler. Human Geography(Series B), 53(5): 54-67.

Nowak D, Civemlo K, Ran S T, et a1. 2000. Modeling study of the impact of urbantrees on ozone.

Atmospheric Environment, 34: 1601-1613.

Oke T R. 1973. City size and the urban heat islands. Atmospheric. Environment. 7:769-779.

Ottensmann J R. 1977. Urban sprawl land values, and the density of development. Land Economics, 53(4): 389-400.

Pacione M. 2001. The internal structure of cities in the Third World. Geography, 86(3): 189-209.

Peter S A. 1973. The structure, size and costs of urban settlements. Economic and Social Studies, (28): 94-109.

Pierce J J. 1981. Conversion of rural land to urban: A Canada profile. Professional Geographer, 33(2):163-173.

Randall G. 1999. In defense of urban sprawl. PERC Reports, (1): 3-5.

Richmond H. 1995. Regionalism: Chicago as an American region. Chicago: The MacArthur Foundation.

Schneider A, Seto K C, Webster D R. 2005. Urban growth in Chengdu, Western China: application of remote sensing to assess planning and policy outcomes. Environment and Planning B: Planning & Design, 32(3): 323-345.

Sudhira H S, Ramachandra T V, Jagadish K S. 2004. Urban sprawl: Metrics, dynamics and modelling using GIS. International Journal of Applied Earth Observation and Geoinformation, 5(1): 29-39.

Sutton P C. 2003. A scale-adjusted measure of "urban sprawl" using nighttime satellite imagery. Remote Sensing of Environment, 86(3): 353-369.

Taragi R C S, Pundir P P S. 1997. Use of satellite data in urban sprawl and land use studies-A case of lucknow city. Journal of the Indian Society of Remote Sensing, 25(2): 113-118.

Thompson A W, Prokopy L S. Tracking urban sprawl: Using spatial data to inform farmland preservation policy. Land Use Policy, 26(2): 194-202.

Tian G, Liu J, Xie Y, et al. 2005. Analysis of spatio-temporal dynamic pattern and driving forces of urban land in China in 1990s using TM images and GIS. Cities, 22(6): 400-410.

Travisi C M, Camagni R, Nijkamp P. 2010. Impacts of urban sprawl and commuting: A modelling study for Italy. Journal of Transport Geography Tourism and Climate Change, 18(3): 382-392.

Turner B L, Meyer W B, Skole D. 1994. Global land use/cover change: Towards an integrated program of study. Ambio, 23: 91-95.

UNPF. 1999. The slate of world population 1999, 6 billion: A time for choice. http://www.unfpa.org/swp/swpmain.htm［2017-3-1］.

Vale T R. 1976. Suburban bird populations in west, central California. Journal of Biogeography, (3): 157-165.

Walker R, Solecki W. 2001. Special section south florida: The reality of change and the prospects for sustainability. Ecological Economics, (3): 333-337.

Welch R. 1980. Monitoring urban population and energy utilization patterns from satellite data.

Remote Sensing of Environment, 9: 1-9.

Weng Q A. 2001. Remote Sensing-GIS evaluation of urban expansion and its impact on surface temperature in Zhujiang Delta, China. International Journal of Remote Sensing, 22: 1999-2014.

Yeh A, Li X. 2001. Sustainable land development model for rapid growth areas using GIS. International Journal of Geographical Information Science, 12(2): 169-189.